教育部人文社会科学重点研究基地
华东师范大学中国现代城市研究中心　主办

中国城市研究（第十四辑）

曾　刚　主编

科学出版社
北京

内 容 简 介

本辑刊由教育部人文社会科学重点研究基地中国现代城市研究中心主办，以中国城市科学理论创新和城市治理优化为使命。第十四辑共收录 8 篇论文和 1 篇书评，对城市社会学相关内容进行了重点研究，涉及涂尔干和后西方社会学、社会保障制度变迁、城市社会融合、城市形象认知、城市社区治理，还对文旅产业融合、特色小镇结构与功能、对外直接投资等进行了分析。

本书力求讲好中国城市研究故事，对国内外城市科学研究者都有较好的参考作用。

图书在版编目（CIP）数据

中国城市研究. 第十四辑 / 曾刚主编. —北京：科学出版社，2020.8

ISBN 978-7-03-066000-8

Ⅰ. ①中…　Ⅱ. ①曾…　Ⅲ. ①城市发展-研究-中国　Ⅳ. ①F299.2

中国版本图书馆 CIP 数据核字（2020）第 169289 号

责任编辑：杨婵娟　李嘉佳 / 责任校对：贾伟娟

责任印制：徐晓晨 / 封面设计：黄华斌

科 学 出 版 社 出版

北京东黄城根北街 16 号

邮政编码：100717

http://www.sciencep.com

北京建宏印刷有限公司 印刷

科学出版社发行　各地新华书店经销

*

2020 年 8 月第　一　版　开本：720×1000　1/16

2020 年 8 月第一次印刷　印张：8 3/4

字数：157 000

定价：78.00 元

（如有印装质量问题，我社负责调换）

前　　言

20 世纪 90 年代中国城镇化开始快速发展，中国城镇化率从 1990 年的 26.44% 持续上升到 2019 年的 60.60%。预计到 2035 年，中国城镇化率将达到 70%以上。与此同时，根据《中华人民共和国 2019 年国民经济和社会发展统计公报》，2019 年中国的户籍人口城镇化率仅为 44.38%。如此大规模人口城镇化带来的空间扩张与城市公共服务均等化的需求，给中国城市发展与治理带来了挑战。另外，根据《中国国际移民报告（2018）》，在全球移民大趋势下，中国逐渐由国际移民来源国发展为治理方式多元化的国际移民目的国，城市融合问题将涉及更加复杂和不确定因素。随着城镇化水平的提高，中国城市逐步经历了从以“生产场域”为主导到以“宜居生活”为中心的转变，城镇居民将面临住房、就业、养老等诸多现实问题的挑战。因此，把握未来城镇化发展趋势，探索中国特色城市治理的内在机制与路径，对我国城市有序健康发展至关重要。

为了推动城市科学发展，提升城市化的可持续发展能力，在各方支持下，华东师范大学中国现代城市研究中心（简称中心）于 2004 年 11 月被教育部批准为普通高等学校人文社会科学重点研究基地，2016 年入选中国智库索引（CTTI）来源智库，2018 年入选 CTTI 高校智库百强。中心依托学校人文地理学国家重点学科以及社会学、经济学等主要学科，开展城市地理、城市社会等方面的研究。目前设有城市地理与城市规划、城市社会与城乡人口、城市经济与历史、城市管理与社区四个研究室。中心成员承担了国家社会科学基金重大项目和重点项目、国家科技重大专项、国家自然科学基金重点项目和国际合作项目、教育部哲学社会科学研究重大课题攻关项目等重要科研项目，取得了一批具有重要影响力的标志性成果。中心时刻牢记中国城市科学理论创新和城市治理优化的使命，负责编撰出版《中国城市研究》辑刊，并主办了系列重要国际学术会议，在国内外产生了广泛的影响。

本辑《中国城市研究》共选入论文 8 篇。其中，劳伦斯·罗兰-贝格（Laurence Roulleau-Berger）的论文（李永翻译）分析法国涂尔干概念在中国社会学中的继承、结合和分离，并对法国和中国社会学中关于涂尔干理论的连续和间断进行了探讨。郑雄飞的论文根据从分治到善治的研究思路，分析了新中国城乡关系调整过程中社会保障制度的变迁。城乡统筹社会保障体系不仅要处理好与户籍和劳动用工等相关制度的关系，还须增强社会保障体系内部的城乡公平性、权益流动性等。徐延辉和穆森超的论文从城市社会融合角度探讨了流动人口的心理健康及其代际差异。基于社会融合的四个维度（社会经济融合、社会参与、文化融合及心理融合），发现并验证了流动人口心理健康存在显著的代际差异。赵晔琴和张荣瑾的论文探讨了"一带一路"沿线国家留学生对上海城市形象的认知特征及影响因素，结果显示留学生认可上海的经济和就业前景，对上海物质基础建设评价高，但对社会公共服务与市民文化认知不足。吴同和陈蓓丽的论文聚焦"社区化"组织，探索当前城市社区治理的新路径和新方法。研究指出社区型社会企业可以有效实现政府、市场与社会三种力量的有机结合，成为破解社区治理困境的有效路径。丁娟等的论文则进一步从产业融合的视角，基于扎根理论的质性分析，论述了我国文化产业和旅游产业融合的动力机制、融合机制及保障机制，为融合机制的相关研究奠定了基础。林茂的论文以科技城建设为案例，剖析了产业结构转型、新旧动能转换、产业工人转移与房地产产品转化之间的关系，并试图提供一种促进产业、城市和与生态文明和谐发展的科技城市建设范式。司月芳等的论文基于"文化-制度-地理-经济"邻近性分析框架，探讨了中国对外直接投资的空间分布及其影响因素，并印证了多维邻近性研究替代单一地理邻近性研究的科学性和合理性。此外，《中国城市研究》编辑部在本期邀请学者针对 2019 年出版的译著《代码经济》进行了评述。王丰龙的书评从代码角度解读城市，不仅提供了与传统基于产业或聚落等理解城市不同的视角，而且揭示了城市具有的独特复杂系统和编码平台。

在全球化视野下，城市创新与治理一直是世界各城市实现可持续发展长期关注的话题，也是中心重点研究的关键领域。因此，中心恳请各位读者继续关注与支持《中国城市研究》的编辑和出版工作，推动辑刊的高质量发展。让我们同心同向、砥砺奋进，共同绘就中国城市的美好画卷！

中国现代城市研究中心主任　曾刚

2020 年 1 月 15 日于丽娃河畔

目　录

涂尔干和后西方社会学：中国和法国社会学之间的连续和间断

劳伦斯·罗兰-贝格（作者）　李　永（译者）

摘　要　中国社会学在20世纪80年代得以重建，有赖于与中国社会理论史和社会背景复杂性相关的特征，以及与欧洲社会学接近的基础。最初，西方社会学对重塑中国社会学的方向产生了重大影响。然而，逐渐地，中国社会学家把自己从欧洲思想中“解放”了出来，因为他们发展了与欧洲社会学并列、相互补充甚至相对的理论、立场和方法。今天，中西方知识遗产和具体的理论方法在中国社会学中交织在一起。涂尔干社会学理论是在1949年首次发展起来的，在1979年之后得到了再次发展，现在又得到重新审视。中国社会学对涂尔干理论的接受方式实际上揭示了法国和中国社会学之间的连续和间断，法国和中国学者之间关于基本问题的观点及思考社会融合或社会冲突方式的分歧。然而，这种分歧实际表现了西方概念在中国如何脱离语境并用新的意义重新情境化。首先，我们将分析法国和中国社会学中的涂尔干的概念，展示结合和分离、理论观点之间的距离以求完善后西方社会学。其次，我们将分析“社会学方法的规则”如何在法国和中国背景下成为一种共同的遗产，或者说，解释涂尔干科学理性主义的基础“将社会现象视为事物”是什么意思。涂尔干认为，在社会学方法中对证据的处理应优先使用比较方法，而我们将在后西方社会学中展示如何从被置于背景中考虑的社会、经济、文化和政治现象中构建一种多元的思想。最后，我们将描绘在法国和中国社会学中关于涂尔干理论的连续和间断。

关键词　涂尔干；后西方社会学；整合；团结；社会化；失范；道德

作者简介：劳伦斯·罗兰-贝格（Laurence Roulleau-Berger），1956年生，女，法国国家科学研究中心教授、法国里昂高等师范学校博士生导师、中法后西方社会学国际联合实验室法方主任。

译者简介：李永，男，法国里昂高等师范学校Triangle实验室博士后、中法后西方社会学国际联合实验室联络员。

1 法国社会学中的涂尔干著作：遗产、距离和更新

1.1 继承与距离：法国社会学中的涂尔干

1999 年，由涂尔干创建的社会学学术期刊《社会学年鉴》将第 49 卷第 1 期献给了涂尔干的作品，主题为“在当代阅读涂尔干”。引言中查尔斯-亨利·库恩（Ch-H. Cuin）解释说，经典得到阅读和评论的事实并不意味着它的科学时效性；他认为涂尔干社会学早已失去活力，他写道：“无论是在认识论层面，还是在其基本理论取向层面，当代社会学似乎已经远离了一种被看作太‘实证主义’和太‘整体论’的流派——这种看法多少有些道理”[1]。

在这一期的《社会学年鉴》上，弗朗索瓦·沙泽尔（F. Chazel）[2]提出了一个观点：随着 20 世纪 80 年代的认识论模式转变，社会学家对涂尔干著作的兴趣发生了一个整体转变。在涂尔干的四大著作中，《宗教生活的基本形式》似乎是主要的受益者。认识论层面上的疏远乃至断裂已经开始围绕以下主题发展：社会学家对实证主义的日益坚决的拒绝，60 年代后期以来对盎格鲁·撒克逊功能主义和对涂尔干宏观社会学决定论的批评，对微观社会学方法的支持，以及对符号互动主义和实用主义的接受。此外，在方法论上作者指出了社会学家对只使用量化方法（如涂尔干在《自杀论》一书中采用的多变量分析）的一致拒绝。

这一期期刊也修正了某些对涂尔干著作的过于简单化的解读，比如说“有机团结将取代机械团结”，“失范的概念是涂尔干著作的中心”，抑或是“涂尔干完全忽视了个性化的过程”。皮埃尔·伯恩鲍姆（P. Birnbaum）[3]也对一个观点做出了重要的修正，他认为法国知识分子在 20 世纪 30 年代对涂尔干大加赞扬之后，在第二次世界大战后将其“遗忘”，而保罗·里克尔（Paul Ricoeur）和让-保罗·萨特（Jean-Paul Sartre）与涂尔干发生了激烈的论战。涂尔干在法国的影响依然存在。2017 年 6 月，波尔多举办了题为“涂尔干对后世的影响力”的研讨会，讨论了涂尔干理论的状况。

涂尔干著作最突出的当代性首先体现在皮埃尔·布尔迪厄（Pierre Bourdieu）的作品中，特别是在个体的行动和作为内化的、具体化的社会性的主体性概论中。惯习的定义从一开始就是涂尔干主义的。但布尔迪厄将这个概念置于一个新马克思主义的概念空间中，其中支配和不平等的概念占据了核心地位。

此外，就像米歇尔·拉勒芒（M. Lallement）[4]所说的，涂尔干学派在第二次

世界大战之后的劳动社会学家的思考中完全消失了。例如，乔治·弗里德曼（G. Friedmann）[5]认为涂尔干的分析类别不适合第二次世界大战后的机械化和流水线工作的背景，之后的阿兰·图雷纳(A. Touraine)也是这样认为的。对米歇尔·拉勒芒而言，涂尔干的一个重要错误是没有看到劳动强度会随着生产机械化和任务的理性化而增大。他与涂尔干的看法相反，认为这一切不产生有机团结。由让-丹尼尔·雷诺（Jean-Daniel Reynaud）建立的社会调节和劳动关系体系理论广泛运用规则和团结的概念，而劳动社会学在第二次世界大战之后更多地受到马克思主义和北美社会学的影响，特别是在"弗里德曼时刻"。为何如此呢？涂尔干理论似乎不适用于解释工业化法国建设过程中的劳动理性化过程。让-丹尼尔·雷诺[6]在他的《游戏规则》一书中认为，关于社会劳动的分工，"没有必要像涂尔干一样，提出集体意识是规则所在之处；相反，我们必须分析规则的创建、转换或废除方式，即调节过程"。

我们也许会倾向于认为涂尔干思想的时效性很低，然而，我们将在下文中看到，在法国，由于经济和社会危机，一些社会学家如罗伯特·卡斯特尔（R. Castel）和塞尔吉·波冈（S. Paugam）将涂尔干重新置于社会学剧场中。在 20 世纪 80 和 90 年代，我们可以看到涂尔干的回归：在一个变迁的背景下，社会问题被重新定义，调节和融合等概念重新得到了运用。

1.2　历史上的和当今的团结

一个多世纪以来，社会科学研究一直借鉴机械团结和有机团结的概念研究涂尔干提出的一个基本问题：个人是如何变得更加自主，同时又更依赖于社会的？涂尔干依然活在社会学辩论中。2007 年，塞尔吉·波冈主编了一本集体著作《重新思考团结》；2017 年，米歇尔·维维沃卡（M. Wieviorka）发表了另一部集体著作《团结》。团结的思想是古老的，它在法兰西的慈善的、共和的传统中有一段历史。它意味着在经济危机、人道主义危机、生态危机及对恐怖主义的恐惧背景下超越民族国家框架的新的集体动员和团结[7]。与此同时，我们正在目睹与个体化的强制要求有关的碎片化的团结的产生，这种团结导致了各种失范的情景，而不是涂尔干意义上的失范形式。

在 2000 年前后，团结问题在法国乃至欧洲被重新提出，核心问题是在一个有着政治、道德、经济、社会和人道危机的支离破碎的社会中思考社会重组。更准确地说，个人对历史上有助于加强团结的国家、市场和机构失去了信心。相对弱势的社会群体对法国乃至欧洲机构表达了越来越多的期望和认可要求。

在 2013 年消费科学与分析–市场与民意研究所（Consumer Science & Analytics，CSA）的一项调查中，20%的法国人将团结视为最重要的三个价值观之一，而在 2009 年，这个比例是 28%；在同一项调查中，46%的受访者认为家庭观是最重要的价值观之一。他们表示，如果被迫寻求帮助，他们首先会请求家人帮助[8]。这些数据清楚地表明，需要思考社会、经济、道德、家庭和族群等团结形式的多样性。如果说涂尔干将有机团结定义为一个主要概念用以解释：一方面是个人在社会劳动分工中的互补性，另一方面是社会解体和失范的形式，那么很显然，在复杂的当代社会中，有机团结的概念成为一个问题。实际上，很难想象当代社会是围绕有机团结组织的。按照涂尔干的推理，我们可以提出一个假设：团结是多元的，是处于差异化的背景、空间和社会时间（social temporalitics）中的；其中有一部分可以看作有机的，另一部分则不然。不同的团结之间会产生张力，比如说阶级团结（the class solidarity）参与劳工阶级社区或中产阶级社区的社会生活组织，但是它们可能彼此冲突，也可能与族群团结冲突。

此外，在薪资社会（société salariale）受到侵蚀的背景下，福利国家的历史基础已经被削弱。稳定和受保护的工作曾经构成了薪资社会的团结的基础，在这样的社会里，不稳定性逐渐被制度化。正如罗伯特·卡斯特尔所指出的那样，我们已经从彼得·瓦格纳（Peter Wagner）意义上的有组织的现代性转变为一种混乱的现代性。事实上，有组织的现代性的特点是将个人纳入集体，使他们处于稳定的地位。最近 40 年以来，一种新的资本主义得到了长足发展，我们处在一种去集体化或者再个体化的变动中；我们还可以看到社会机构的衰落[9]，这些机构为面临劳动任务个性化、就业情况不稳定和权利丧失的工人提供福利、权利和服务。使用劳动力的标准被日渐削弱，非全职工作变得越来越普遍。事实上，当今工作中的不稳定性、工作形式的增加、职场中的性别歧视和种族主义促成了“粉碎就业合同的条件”[10]，而过渡性工作的多样性和灵活性、各种非熟练工作的形式构成了其形成的主要途径。这些趋势都促进了职业实践的重新个体化。

与此同时，在国家层面和民间社会逐渐形成了新的团结精神。在法国和欧洲其他国家的层面上，我们可以看到依赖于参与式团结机制的参与式民主的产生。面对福利国家保护措施的削弱，个人被要求成为积极参与的公民，而新形式的社会干预首先意味着将处于不稳定状态的人群的社会工作个体化。除了受保护的员工，接受国家接济的员工及“被隐形化”人群——比如说无证件移民和寻求避难者——数目在不断增加。在公民社会产生了“弱行动者”（如处于不稳定状态的青年人、移民等）通过反贫困、反歧视、反种族主义社团创建的抵抗的团结空间。

1.3 整合和社会化

在《社会分工论》和《自杀论》中，涂尔干的社会化过程理论建立在个性化和社会凝聚力的个体-社会关系之上。涂尔干认为社会化来自社会整合和社会调节的双重过程，它们在三个层面发挥作用：结构事实或社会形态、行动方式和集体表征。社会整合不仅基于社会工作的分工，也基于家庭、宗教团体。个人出生在以有机团结为基础的社会中，“当社会高度整合时，它将人们置于其控制之下，让他们为自己服务，因此，不允许他们任由自己的幻想支配自己”[11]。

对涂尔干而言，也正如对诺贝特·埃利亚斯（N. Elias）一样，初级社会化的力量意味着，孩子最早的人生经历将对他/她的社会生活起决定作用。在涂尔干之后，皮埃尔·布尔迪厄在他的惯习理论中认为，家庭初级社会化产生了稳定的社会禀赋，并且不容易发生变化。社会化按照社会阶级可以分为各种类型，它们经过了考验和整合；阶级惯习是基于客观可分类的实践和这些实践的等级体系[12]。随后，贝尔纳·拉伊尔（B. Lahire）提出了一种理论——遗传和禀赋社会化的社会学[13]；这一社会学理论考虑到了已经变成人们的禀赋的个人过去的、先前的社会化经历，同时也考虑到了当前行动的不同背景；在个人的社会构建过程中、具有特定逻辑的多种社会背景构成了许多潜在的禀赋和能力的社会化框架。由于社会化经历的多元化，以及采取行动的背景的多样性，贝尔纳·拉伊尔的个体很有可能体现出禀赋的多样性。每一个独特的个体都具有多种禀赋，根据社会背景，这些禀赋或者被激活或者休眠；因此这些禀赋是跟它们的内化背景有关的。20 世纪 90 年代以来，我们在社会化理论中目睹了主体的回归，而主体是在马克思主义理论和布尔迪厄学派中被否认的。在这些理论中，个体在他们的感知、思想和行为中受到整合效应的无意识影响。继阿兰·图雷纳和法尔哈德·科斯克哈瓦（F. Khosrokhavar）[14]之后，米歇尔·维维沃卡也在思考主体的概念。在他看来，成为主体意味着反抗强制、支配和社会暴力；主体的特征是自主行动的能力和构建自身经验的能力[15]。事实上，弗朗索瓦·迪贝（F. Dubet）[16]在他的经验社会学中，解释了把社会看作有组织的整体的观念是如何随着等级和阶级的持续自主化、集体行动和表征的分裂和社会机构的弱化而式微的，而个体在这样的背景下是如何受到挑战的。在同一个社会学思潮中，达尼洛·马尔图切利（D. Martuccelli）[17]在社会化的过程中定义了考验。考验的概念可以让我们抓住这一历史上特殊的个性化模式得以建构的张力。正是在这一模式下结构化程序得以成形。每一个考验中的张力都是特殊的，而这些张力是现代性经验的基础。作者认为，在任何社会中，个人面临着各种各样的考验，这些考验都是他们生活感知的一部分。

罗伯特·卡斯特尔在 1995 年发表重要著作《社会问题的变化》，其在一个新的社会背景下重新提出了涂尔干的融合和失范问题：社会中存在大量失业和不稳定的工作状态，传统保障体系不足以覆盖这些问题，而越来越多的人沦为“多余人员”“无法被雇佣者”。罗伯特·卡斯特尔写道[18]：“涂尔干和 19 世纪末的共和主义者将团结称为一个有问题的纽带：尽管社会组织的复杂性不断提高，但这一纽带确保了社会各组成部分之间的互补性。这是社会契约的基础。旧的团结仍然在很大程度上归功于基于传统和习俗的社会秩序。当工业化的发展威胁到旧的团结时，涂尔干用这些术语对其进行了重新阐释。在 20 世纪初，团结成为社会的自我保障，而福利国家成为这一机制的保证。在 21 世纪初，工业社会的框架内建立的调节机制发生动摇，这意味着必须重新定义这一社会契约。团结契约，劳动契约，公民契约：思考包容所有人的条件，使他们可以彼此之间建立联系，正如启蒙时代的说法，也就是组成社会。”

罗伯特·卡斯特尔定义了三个社会凝聚力区域：以稳定的工作和牢固的职业融合为特征的整合区；以生产活动的参与缺失和社会孤立为特征的退出区；以不稳定的工作和脆弱的邻近支持为特征的脆弱区。

在某种程度上，罗伯特·卡斯特尔通过分析促使个人从一个区域转移到另一个区域的过程修改了涂尔干的整合问题，须知融入者、脆弱者和退出者属于同一群体，然而这一群体的统一性成为问题。

在一个相近的理论视角下，塞尔吉·波冈[19]在《不稳定的雇员》中将一种理想型的职业融入定义为一个双重保证：获得工作的物质和象征回报，以及源自工作的社会保障。然后他区分了三种职业融入：不确定的融入（对工作满意、工作不稳定），艰苦的融入（对工作不满意、工作稳定），不合格的融入（对工作不满意、工作不稳定）。

最后，弗朗索瓦·迪贝采用了一个和罗伯特·卡斯特尔相近的方法，在 2009 年出版的《社会的工作》中，考查了融合和社会的叙事。当行动和社会设置与社会结构之间错位，“融合的叙事发生反转，社会占据了社区迄今所占据的位置……社会讲述了其他的融合故事”[9]。

其他的社会学家与涂尔干的整合理论或者疏离或者决裂，选择了从建构主义甚至互动主义的视角来研究社会化的问题，而不是整合的问题。本文作者受到贝尔热（P. Berger）和卢克曼（T. Luckmann）的《现实的社会构建》[20]一书启发，定义了社会化过程。该著作是社会化理论的经典著作。该著作结合了初级社会化和次级社会化，并阐述了两者是如何建立在“身份”的概念中的。社会现象的主观现实和客观现实构成了一个辩证关系。通过对不稳定状态下的、与社会机构和社会化部门疏远的人群（青年人和移民）的研究，本文作者认为个体可以在不同的社会环境（合法性或高或低，范围或大或小）中既扮演“边缘”的角色，也扮演“融入者”的角色。然而，本文作者更多地强调了社会化过程中增生的、可逆的和自我矛盾的特性。因此，我们批判了贝尔热和卢克曼的“成功”社会化和“失败”社会化的概念。“成功”社会化意味着客观现实和主观现实之间的高度对称；“失败”社会化意味着两种现实的完全不对称。在我们看来，这两个概念预设了社会化是在一个确定的运动中完成的[21]。

因此，我们要思考多样的、多变的、同时存在的社会化形式的对等性。这些社会化形式有时相互矛盾，或多或少制度化，或多或少可见，产生了一个不稳定的、动态的和可逆转的社会过程。我们识别出了一些不那么制度化和不太明显的社会化，它们与初级社会化和次级社会化的性质都不相同。事实上，次级社会化被定义为“对制度子世界的内化，或者根植于社会机构，其范围和特征由社会分工的复杂性和与之相联系的社会知识的分布决定”[20]；我们谈到了边缘社会化用以指称那些在非制度化的世界里建构的社会化。在这样的世界里，角色的定义与劳动分工不直接相连，意义的建构与不稳定、贫困化相连。当然，边缘社会化意味着前期的初级社会化和次级社会化，意味着不存在“内”“外”之分，而是在一个整体中存在一个连续的不平等位置……“融入者”、“脆弱者”和“不合格者”属于同一群体，而其团结仍然存在困难[22]。

社会化的过程在当代社会变得越来越复杂、多元、不连续、可逆反，这是涂尔干没能预料到的。

2 涂尔干在中国

通过思考中国思想史的特点和与欧洲社会学的相近之处，中国社会学在 20

世纪 80 年代获得了重建。在最开始，西方社会学的影响在中国社会学的重建过程中起到了很大作用，中国社会学家逐渐摆脱了欧洲思想的束缚，建立了与西方思想相呼应甚至相对的理论、立场和方法[23]。在当今的中国社会学当中，多种思想遗产、不同的理论角度相互交织。范式的转移和交融围绕着对文化中心主义视角的反对，对强加的西方思维模式的抗拒和对情景化的思考方式的支持而进行。

2.1 进入中国的涂尔干

1925 年，许德珩在法国留学后，翻译了《社会学方法的规则》。许德珩在法国作品的翻译中发挥了重要作用。但他之后转变方向，转而研究马克思主义理论。1930 年，崔载阳翻译了《道德教育》，王力翻译了《社会分工论》。在这一时期，有数篇博士论文均以法国社会学为主题：1931 年，谢康通过了关于过去 50 年的法国社会学的博士论文答辩；同年，谢正如将涂尔干理论置于社会心理学领域研究；1932 年，吴文藻关于法国社会学的博士论文用了整整一章来介绍涂尔干的宗教理论。

在这一时期，杨堃[24,25]在中国国内传播法国社会学和建设宗教社会学的过程中扮演了重要角色。杨堃 1911 年出生于中国河北。在里昂大学学习之后，他前往巴黎求学，师从马赛勒・葛兰言（M. Granet）并将其著作翻译成汉语。他修习了马塞尔・莫斯（M. Mauss）的人类学课程，并将其著作翻译为中文出版[26,27]。他之后回到里昂，于 1931 年获得了人文科学博士学位，并回到北京教授社会学和人类学。他以涂尔干学派的代表自居。在他看来，涂尔干学派在法国占据最显著地位。杨堃于 1932 年翻译了列维・布吕尔（L. Bruhl）的著作，于 1946 年翻译了费德里克・勒普莱（F. Le Play）的著作，两人对宗教都有独到的看法。稍后，他采用了涂尔干的图腾、仪式和灵魂理论来解释宗教的起源；尽管图腾的问题争议很大，但他指出了涂尔干理论中信仰、氏族和图腾之间的联系。除了杨堃之外，其他在法国学习过的中国社会学家[28]，包括崔载阳[29]、胡鉴民[30-32]、叶法无[33,34]，在 1925～1934 年，尤其是 1931 年和 1932 年，参与了在中国关于涂尔干理论的辩论。有意思的是，尽管《宗教生活的基本形式》当时尚未汉译，但社会学家仍纷纷引用了这一著作[35]。

值得注意的是，研究中国图腾主义的宇宙体系的卫惠林[36]和黄文山[37]等研究人员则更多地受到进化理论、马克思主义等理论和盎格鲁・撒克逊人类学家，如詹姆斯・乔治・弗雷泽（J. G. Frazer）、爱德华・泰勒（E. Tylor）、鲍德温・斯宾塞（B. Spencer）、威廉·罗伯逊·史密斯（W. R. Smith）、刘易斯·亨利·摩根（L. H. Morgan）等人的影响。另外，崔载阳间接地接受了涂尔干对泰勒等的论点，认为图腾主义是一种宗教现象。在此期间，中国社会学受到四种影响：美国文化、马克思主义、法国涂尔干学派和英国功能主义。

如果说涂尔干在《宗教生活的基本形式》中发展起来的理论在1949年之前得到了首次传播，那它们的重新出版是在1979年之后。费孝通（1910～2005年），中国社会学最显赫的人物之一，1938年他的著作*Peasant Life in China*（1939年该书译为《江村经济》）出版，重振了宗教社会学的研究。郑也夫发表了关于涂尔干和韦伯理论的研究，这项研究激励了他人的研究。自1987年以来，涂尔干的主要作品被翻译出版，如《宗教生活的基本形式》，于1992年4月首次由一家中国台湾的出版商出版，然后又被另外两家中国大陆的出版社出版。1988～1999年还出现了三种不同版本的《社会学方法的规则》。

2.2 道德、经济和个人

汪和建[38]建议通过关注中国现代经济中道德产品的生产来重新审视涂尔干。从经济社会学的角度来看，这是一个通过分析劳动关系将经济道德和社会结构联系起来的问题。例如，在中国的大公司中，社交网络是封闭的，契约关系非常稳定并且以信任为基础；在小企业，劳动关系相对较不稳定，尤其是当农民工不能从工头那里要回他们的薪水的时候。笔者赞同涂尔干关于思想、道德和经济密不可分的论断，认为道德在现代社会中影响一切经济关系。在中国的劳动关系中，经济道德建立在定期交换礼物和回赠的义务基础之上，这界定了社会互动空间并予以维持——正如马塞尔·莫斯所定义的那样。对汪和建而言，涂尔干的方法是对正统经济学的建设性批判。这一方法有助于理解社会和经济转型的过程。道德仍然是当代社会和社会纽带建构的基础。

对于渠敬东[39]而言，从同样的角度来看，涂尔干保留了集体生活超越个体存在的观念。如果说，为了分析道德和社会秩序，我们必须从日常生活中的规范生产开始，那么社会和国家之间的关系被认为不是对立的，而是一个连续体，其中职业群体的伦理和公民道德将个人与国家联系在一起。该作者认为，涂尔干的理论对于理解集体意识是如何构建的是必要的，但它不能忽视赖以维护政治秩序和公民道德的公民感情和传统。渠敬东[40]接受了涂尔干关于分化与社会统一之间紧张关系的观点，强调了确定社会与个人之间的衔接层次的必要性。重建社会的挑战在于找到传统与现代之间的中介，使孤立的个体重新获得群体依恋和道德自治，从而使现代政治得以建立在能够有效组织经济生活、充分体现公共政治要求的社会团体之上。这里的核心问题就是在中国现代性中提出主体化的问题，在这种现代性中，国家的权力和控制能力不断得到加强。在中国社会学中，涂尔干所论述的国家与社会之间的关系问题已经在很大程度上得到了重新审视。近年来，随着政府在社会和经济生活中的（治理）作用逐步加强，中国社会学家就国家和地方政府治理问题制定了大量研究计划。

陈涛[41]也对涂尔干描述的契约社会感兴趣，认为其中道德是通过共同生活产生的；受到社会现象制约的个人的自主性和行动自由建立于对社会规则的尊重，进而创造出一个“正常”的社会。可以说，涂尔干利用社会契约理论来理解现代社会。社会现象相对于个人意识的外部性意味着个人首先通过通常意义上的社会机构及“行动、思考和感受的方式”——涂尔干称之为“集体生存方式”——受制于社会约束。陈涛[41]汲取了涂尔干的这一思想：社会支配个人，但社会的现代形式产生了个体；社会可以定义为相互关联，拥有共同目标、表征、集体信仰的人的集合体。同时，个人可以通过分享共同生活来获得自主权，而这是以纳入社会约束和规则及接受道德教育为先决条件的。

2.3 现代性和失范

渠敬东从涂尔干著作中借用了霍布斯（T. Hobbes）和卢梭（J-J. Rousseau）意义上的现代社会契约理论，该理论强调一个基于自由意志、适用于所有人的权利和义务的两愿契约。随着资本主义的出现，涂尔干指出，在社会契约中，“公正”的社会组织是建立在保障所有人平等和自由的协议的基础之上的；它意味着根据真实价值评估个人的工作，只有在这种情况下，个人才会成为道德主体。涂尔干区分了两种道德义务：平等义务和仁慈义务。平等义务要求平等，仁慈义务取决于人的同情心。正是情感结构确保了更深层次的平等。集体生活的形式在日常生活中具有强烈的道德和神圣维度。正是从（集体生活的道德维度建立）这一刻起，规范和社会秩序得以产生，“正常”与“病态”之间关系的问题被提了出来。

对赵立玮[42]而言，“自杀理论”是涂尔干的一个重大贡献，它仍然对理解现代社会非常重要。自杀理论中的四类自杀——利己自杀、利他自杀、失范性自杀和宿命自杀——在“正常”和“病态”之间的关系中揭示了个人与社会之间的“负”联系，而他的“社会劳动分工理论”聚焦于社会和个人之间的“正”社会关系。赵立玮抓住了人性的二元性和人格建构的问题；他认为忧郁是一种现代性的疾病，而涂尔干建立的自杀的形式类型能促进对现代性的多维分析。涂尔干对自杀的讨论揭示了人类生存的不同层面。在这个意义上，我们可以说，涂尔干将自杀作为一般社会现象来研究解释了“人的条件”的现代化。

陈涛[41]认为，失范既不意味着社会的缺失，也不意味着缺乏社会整合，更不是个体在自然状态下的自主。社会约束始终是至关重要的，道德和法律不能总是调节个人欲望和愿望。社会成员的自主性只能从对社会规则的遵守中获取，也只能从集体生活的角度思考。

3 涂尔干的理论：中国和法国社会学之间的理论连续和间断

3.1 社会学方法，共同财产

正如弗朗索瓦·迪贝[43]所说，任何经过正常训练的社会学家都读过皮埃尔·布尔迪厄。让-克劳德·尚博勒东（J-C. Chamboredon）和让-克劳德·帕斯龙（J-C. Passeron）于 1968 年出版了《社会学家的职业》[44]。《社会学方法的规则》应该是所有社会学家的共同财产，他们必须与先天的观念决裂，将研究对象置于事实的考验之下，并找出社会学法则。在这一点上，每个中国的或者法国的社会学家都是涂尔干主义者。在菲利普·施泰纳（P. Steiner）[45] 和文军[46] 看来，证据的管理是通过对社会现象的分析实现的。也就是说，我们必须识别社会现象，然后通过它们的约束程度、外部性和普遍性来描述它们；最后，为了证明一种现象是另一种现象的原因，必须通过多变量分析方法使用间接或比较实验方法来验证社会现象之间的因果关系。在法国，对《社会学方法的规则》的评价是不同的，例如，在涂尔干主义者中，莫斯不会谈论证据的管理，而是会通过讨论社会学假设的科学性质来发展一种带有较少科学主义色彩的社会学。中国社会学家文军认为，《社会学方法的规则》是涂尔干对科学方法的主要贡献。

在法国，涂尔干的结构主义、结构-功能主义方法在基于因果分析和社会学分类重要性的定量分析方法中占有重要地位；使用定量方法的学者对于统计类别、其构建方式及其用途进行了大量的反思；至于采取理解和建构主义的方法的学者，他们首先通过社会路径和轨迹分析、生活史、民族志、网络分析，给予定性方法一个重要的地位；在图雷纳学派的方法中，社会学干预的实践受到青睐；在互动方法中，民族学观察已被广泛实践。随着时间的推移，越来越多的融合主义方法将得以建立，这种融合主义首先取决于研究对象的性质和演变。民族志描述在过去十年中已成为社会学方法的重要组成部分，而传记方法也已在欧洲社会学中得到采用。

然而，在中国，定量调查的重要实践并不排除定性方法。大社会学家费孝通的影响力仍然很突出，特别是在城乡社区的民族志研究中。自 1979 年培养出第一代中国社会学家以来，问卷调查被广泛使用在“新社会调查运动”中。从 1990 年开始，科学多元主义在田野调查中得到体现，我们见证了定性方法的发展。例如，除了问卷调查或社区民族志，社会学家采用了焦点小组形式的集体访谈、网络分析。最后，口述史在分析个人记忆、历史事件和社会情境的组合中也得到了使用[47,48]。

如果说作为法国社会学家和中国社会学家，我们拥有这个共同财产，那么在生产后西方社会学理论的过程中，我们不得不越来越多地在日益复杂的社会背景下构建我们的社会学方法。今天，社会学家面临着根据研究地点调整调查方法的问题，涉及科学实地研究的知识经常受到考验。社会学家的职业实践在研究社会不平等、社会不公正的领域中受到了最大强度的考验，在这些领域中产生了分歧、冲突、社会经济和政治张力。这种情况迫使社会学家发展新的方法论知识，产生科学的方法和新的研究立场。我们通过分析实地研究的不同形式的经验来分析如何构建研究实践和社会学知识。在中国，虽然定量研究有着显著地位，但近年来，出现了定性方法尤其是民族志的重返。中国和法国社会学家通过发展民族志方法来掌握社会过程的复杂性和动态性。刘能和宋庆宇[49]建议重温费孝通的社会学遗产，并返回到基于芝加哥学派的“基于空间的社会学”的定性方法中。

我们如何更新后西方社会学的比较方法？在社会学领域，越来越多的参与国际研究的学者开始思考在不同的社会背景下的田野研究，他们往往置身于难以接近的地区，即所谓的“敏感地带”。事实上，在一个许多社会学家处于国际研究的背景下，如何工作，如何认识对方，并最终在国际合作项目中建立科学规范性的问题被很快提了出来。科学知识的产生仍然是一种独特的社会和历史现象。我们要审视科学活动的本地和跨国问题，也就是说，我们着重通过本地研究的情况，分析社会背景在中国和法国对田野科学生产的影响。但是，我们还会分析与田野科学相关的知识在两个社会之间的跨国流动的现象。我们不光关注社会学知识的生产过程，还关注研究实践的文化变迁。我们分析科学与社会实践之间衔接的模式，并关注在两种背景下，社会科学家如何动员“象征”和物质资源，如何将自身纳入主要的国家和国际机构的科学政策中，如何将研究主题和问题放入科学议程之中，如何参与公共委托研究的制定，如何宣传研究成果。

3.2 道德、礼物和社会：法国和中国社会学的连续性

在涂尔干与马塞尔·莫斯的影响下，弗洛伦斯·韦伯（F. Weber）和菲利普·施泰纳立论于涂尔干传统之中，研究了礼物和信任在社会和经济交流中的作用。弗洛伦斯·韦伯[50]着重强调了与市场相对立的礼物的特征，包括给予、接受和回赠的三种义务。她通过吸收莫斯关于市场交易和非市场交易在任何社会中共存的观念，创作一篇当代民族志，这些社会各自具有不同的合同法制度；在非市场合同和交换的背景下，人是法人而不是个人。

中国社会学家在涂尔干理论中选择关注道德和经济的关系，主要是由于中国的社会学传统中的道德经济的显著地位，尤其是社会交往和关系（人际关系）的问题。问题的核心是物质和象征交换，礼物和回赠的流动建立了社会关系。给予、接受和回赠的问题包含在中国的关系中。熟人关系是建立在信任和“回报”基础上的工具性和情感性联系。关系意味着工具性交流和情感的承诺[51]；这些概念被中国社会学家应用于分析社会和象征资源的流动及社会关系的建构。在中国社会学中，关系的概念建立在对互动情景的分析之上：中国社会建立在给予、接受和回赠义务之上。给予、接受、回赠的义务取决于如下条件[52,53]：

“我们”边界的可渗透性。那些尚不是“自己人”的人，可以加入；反之，“自己人”也可能变成“局外人”。

“我们”边界的弹性，其走向取决于背景和环境。

个人自主性，即个人将其他人置于精确的自我界限之内。

根据关系的形式和类型，与他人的关系——给予、接受、回赠——将以不同的方式展现，而自我不会处于同一个位置。我们需要强调关系在构建个人和集体身份中的重要性，重提这一重要性是过去和现在的中国文明所固有的，指出个人

与群体之间的关系首先意味着建立社会关系。这种社会关系不能简化为社会分类或社会角色。在欧洲理论中，我、主体和他人在自我的不连续过程中表现为相互区分的时刻，而在中国的社会学研究中，这种区分显得不那么清晰。

围绕道德、礼物和社会的问题，在今天的法国，以及更广义地说，在欧洲，关心他人，即护理（care）的问题被提了出来。护理的问题依赖于道德经济，而对自我独立的要求迫使最贫穷、最弱小、最弱势的人进入并继续争夺社会、经济和道德资源。在社会学家看来，发展社会政策、就业政策和培训政策是为了赋予个人各种技能以克服人生挫折，并使其在一个基于与他人合作的道德框架内获得自主[54]。事实上，现代社会有义务保护弱势群体，护理政策因此得到了发展。

中国社会学家也讨论了护理问题，这一观念存在于儒家传统和社会主义传统中。在经济和社会不平等日益加剧的时代，社会、经济和道德等新的内部界限显而易见，关心他人的问题被重新提出[55]。在这里，社会学家也注意到“与他人合作工作”在中国的发展，尤其是在社区，在扶贫、抵抗艾滋病、移民职业培训的非政府组织的框架内。我们从中可以看到中国公民身份的发展。在四川汶川地震期间，我们可以清楚地看到护理的问题如何以人道主义的修辞出现，以及道德经济如何产生。

在两种社会背景下，护理都意味着个人须遵守“自主守则”，但包含不同的政治意义。但在这两种情况下，护理工作似乎都有助于通过在物质经济和道德经济之间建立联系点来减少社会的不平等。

3.3 宗教生活的基本形式：法国和中国社会学之间的不连续性

根据杰弗里·查尔斯·亚历山大（J. C.Alexander）[56]的说法，涂尔干描述了当代社会中宗教性的过程，并展示了宗教体验如何成为社会经验的一般形式。涂尔干把神圣与世俗之间的对立当作所有宗教系统的特征。他解释了澳大利亚原始社会和现代社会如何能够或不能根据世界分隔的形式来相互区分。宗教只能从它所构成的道德权威中理解（“一个社会拥有唤醒精神所需的一切，通过其对它们施加的唯一行动，即神圣的感情：因为社会之于其成员，正如神之于其信徒一样”）。然而，一些中国社会学家并不认为神圣与世俗之间的对立有助于理解中国的宗教问题。在中国存在镶嵌在集体行动和集体记忆的框架内的寺庙、祭坛、神圣的空间。这种现实反映了一种弥漫但持久的，在中国社会中被表现和体验的东西；神圣与世俗之间的界线显得模糊，圣人与凡人之间的界限没有意义[57]。李向平[58]也表明，佛教在今天的中国体现了一种非西方现代性的形式，它不断转化并参与了国家与个人之间关系的重新定义。

社会学家杨庆堃[59]发展了弥散宗教（diffused religion）的概念——受塔尔科特·帕森斯（Talcott Parsons）命题的启发——用以概括与制度性宗教相对的而其边界可能对西方社会学家来说不明确的宗教形式。相反，他在宗教中看到了与宗教组织背后的神性相关的世俗信仰系统和有神论信仰系统之间的连续统一体。弥散宗教的概念的特点是其高度语境化的形式，它定义了个体通过环境仪式的实践所遵循的地方秩序。

对涂尔干而言，宗教在建立西方现代社会的社会纽带中发挥着核心作用，这有助于理解个人如何分享集体意识，从而创造出一种对道德共同体的归属感。吾淳[60]展示了中国宗教实际上是如何不产生集体意识的。李芳英[61]认为，涂尔干过分强化社会化与宗教、社会团结与宗教之间的关系，对宗教/社会冲突的思考不够。在涂尔干的分析中包括了宗教仪式和符号，以理解是什么产生了道德共同体，规范意义上的社会联系，但它们在任何时候都不被看作能够参与解体或社会分裂的过程的因素。

在乔世东[62]等其他中国社会学家看来，宗教被看作动员集体行动的载体，这是一种涂尔干从未采用过的视角。陈昌文和谌娟[63]认为，宗教与社会运动相互作用，既可以产生社会和谐也可以产生社会纷争。涂尔干过分强调宗教的和平与整合作用；“宗教与暴力”的结合在历史进程中不断出现，而一直没有被他认识。Fan（范丽珠）等[64]指出，中国的历史揭示了三种教义（道教、儒教和佛教）和多种仪式之间的和平共处。Fan 等运用了约翰·加尔通的直接、结构和文化暴力理论来考虑宗教暴力的三个维度，指出了中国这些信仰体系强调非暴力原则。

大多数中国社会学家汲取了涂尔干理论中宗教的社会化和社会控制的功能，并指出涂尔干不重视个人价值观或信仰的表达。社会学之父已经形成了一种整体论的社会概念；其中个人是集体规范和价值观的载体。虽然他认为现代性意味着分化过程和个人的自主性，当涉及宗教现象时，个人仅以一个道德共同体（教会或教派）的成员的形象出现。参考了费孝通[65]的差序格局的理论——承认每一个人的自我处于一个对其施加影响的环状关系网络的核心，Fan 等[64]提醒我们考虑中国的宗教活动不能脱离自我修养，这似乎是涂尔干没有认识到的。费孝通认为自我是行动中的决定性社会力量，取代了涂尔干理论中的法力；对他而言，思想、理想和个人价值观在社会变革和文化发展中具有决定性作用。

4 结论

涂尔干理论在中国的接受模式首先表明了 20 世纪初西方宗教社会学及更广泛的法国社会学对中国学术研究的强烈影响，然后展示了涂尔干的理论如何在 1949 年和 1979 年之间被遗忘，又于 1980 年之后被完全重新利用起来。今天，它的某些部分在认识论层面上得到了各种形式的使用，揭示了中国社会学与欧洲社会学之间的连接和分离、连续和间断现象。但我们也看到了中国社会学中特定理论空间的界限，以及与西方社会学家共享空间的形成，这些空间促使我们重新审视我们思考宗教和世界的方式。最后，我们将看到后西方社会学如何去中心化及革新源于不同的东西方空间的普遍主义。后西方社会学最重要的是关系、对话和多地位，与全球社会学相反，与联系社会学相似。

参考文献

[1] Cuin Ch-H. PRÉSENTATION[J]. L'Année Sociologique（1940/1948-）, 1999, 49（1）: 21-26.

[2] Chazel F. Durkheim est-il encore notre contemporain? [J]. L'Année Sociologique（1940/1948-）, 1999, 49（1）: 83-107.

[3] Birnbaum P. Note sur une rencontre imprévue: Durkheim et Sartre[J]. L'Année Sociologique（1940/1948-）, 1999, 49（1）: 49-64.

[4] Lallement M. De Durkheim à la sociologie du travail: distances et héritages, Communication au Colloque La postérité de Durkheim cent après[C]. Bordeaux: Université de Bordeaux, 2017.

[5] Friedmann G. Où va le Travail Humain? [M]. Paris: Gallimard, 1950.

[6] Reynaud J-D. Les Règles du jeu: L'action Collective et la Régulation Sociale[M]. Paris: Armand Colin, 1989.

[7] Wieviorka M. Les Solidarités [M]. Auxerre: Les entretiens d'Auxerre, 2017.

[8] Paugam S. Repenser la Solidarité[M]. Paris: Presses Universitaires de France, 2015.

[9] Dubet F. Le Travail des Sociétés[M]. Paris : Seuil, 2009.

[10] Beck U. World Risk Society[M]. Cambridge: Polity Press, 1999.

[11] Durkheim E. Le Suicide[M]. Paris: Félix Alcan, 1897.

[12] Darmon M. La Socialisation[M]. Paris: Armand Colin, 2007.

[13] Lahire B. L'homme Pluriel: Les Resorts de L'action[M]. Paris: Nathan, 1998.

[14] Touraine A, Khosrokhavar F. La Recherche de Soi Dialogue Sur le Sujet[M]. Paris: Fayard, 2000.

[15] Wieviorka M. Neuf Leçons de Sociologie[M]. Paris: Robert Laffont, 2008.

[16] Dubet F. Sociologie de L'expérience[M]. Paris: Edition du Seuil, 1994.

[17] Martuccelli D. Forgé par L'épreuve[M]. Paris: Armand Colin, 2006.

[18] Castel R. Les Métamorphoses de la Question Sociale[M]. Paris: Gallimard, 1995.

[19] Paugam S. Le Salarié de la Précarité. Les nouvelles formes de L'intégration Professionnelle[M]. Paris: Presses Universitaires de France, 2000.

[20] Berger P, Luckmann T. La Construction Sociale de la Réalité[M]. Paris: Meridiens Klincksieck, 1986.

[21] Roulleau-Berger L. La Ville Intervalle: Jeunes Entre Centre et Banlieue[M]. Paris: Méridiens Klincksieck, 1991.

[22] Roulleau-Berger L. Socialisations du risque et différenciation des mondes. Les jeunes à l'épreuve de la précarisations salariale[R]. Lyon: HDR , Université Lyon 2, 2001.

[23] Roulleau-Berger L. Pluralisme et identité de la sociologie chinoise[M]// Roulleau-Berger L, Guo Y, Li P, et al. La Nouvelle Sociologie Chinoise. Paris : Editions du CNRS, 2008.

[24] 杨堃. 法国社会学史略[J]. 鞭策周刊, 1932, 2(7-8): 7-8.

[25] 杨堃. 法国民族学之过去与现在[J]. 民族学研究集刊, 1936 (1) : 101-121.

[26] 杨堃. 中国现代社会学之派别与趋势(续)[J]. 鞭策周刊, 1932, 1(4): 78-81.

[27] 杨堃. 中国近三十年来之出版界(社会学之部)[J]. 国立华北编译馆馆刊, 1943, 2(7): 1-19.

[28] 刘槃. 涂尔干社会学方法论[J]. 社会学刊, 1931, 1(4): 34-40.

[29] 崔载阳. 涂尔干小学训育论(续)[J]. 广东省教育会杂志, 1929, 1(2): 42-59.

[30] 胡鉴民. 图尔格姆的道德教育[J]. 社会学刊, 1930, 2(1) : 39-44.

[31] 胡鉴民. 涂尔干传[J]. 社会学刊, 1931, 2(2): 1-24.

[32] 胡鉴民. 涂尔干氏的社会心理学说[J]. 中法大学月刊, 1932, 4: 15-24.

[33] 叶法无. 涂尔干社会学及其批评(待续)[J]. 国立劳动大学劳动季刊, 1931 (1): 1-8.

[34] 叶法无. 涂尔干及其社会的社会思想[J]. 民族杂志, 1933, 1(1-6): 585-605.

[35] Roulleau-Berger L, Liu Z. La théorie de la religion de Durkheim et la sociologie chinoise[J]. Archives de Sciences Sociales des Religions, 2012, 159(3): 135-151.

[36] 卫惠林. 中国古代图腾制度论证[J]. 民族学研究集刊, 1943, 3: 54-60.

[37] 黄文山. 中国古代社会的图腾文化（附图）[J]. 新社会科学, 1934, 1(1): 30-57.
[38] 汪和建. 再访涂尔干: 现代经济中道德的社会建构[J]. 社会学研究, 2005, （01）: 159-167.
[39] 渠敬东. 职业伦理与公民道德: 涂尔干对国家与社会之关系的新构建[J]. 社会学研究, 2014, 4: 110-131.
[40] 渠敬东. 涂尔干的遗产: 现代社会及其可能性: 涂尔干社会思想研究[J]. 社会学研究, 1999, 1: 29-48.
[41] 陈涛. 人造社会还是自然社会: 涂尔干对社会契约论的批判[J]. 社会学研究, 2013, 3: 47-75.
[42] 赵立玮. 自杀与现代人的境况: 涂尔干的"自杀类型学"及其人性基础[J]. 社会, 2014, 34(6): 114-139.
[43] Dubet F. Durkheim, 100 ans après[J]. Sciences Humaines, 2017, 269(9) : 30.
[44] Bourdieu P, Chamboredon J-C, Passeron J-C. Le métier de Sociologue[M]. Paris: Mouton, 1968.
[45] Steiner P. La Sociologie de Durkheim[M]. Paris: La Découverte, 2018.
[46] 文军. 西方社会学理论: 当代转向[M]. 北京: 北京大学出版社, 2017.
[47] 孙立平, 郭于华. 诉苦: 一种农民国家观念形成的中介机制[J]. 中国学术, 2002(4): 130-157.
[48] Sun F Y. Social Suffering and Political Confession[M]. Singapore: World Scientific, 2013.
[49] 刘能, 宋庆宇. 街头流浪现象的社会生产: 制度的和文化的解释[J]. 学海, 2017, 2: 102-114.
[50] Weber F. Qu'est-ce que la protection rapprochée? Réciprocité, solidarité quotidienne et affiliation symbolique[M]//Paugam S. Repenser la Solidarité. L'apport des Sciences Sociales. Paris : Presses Universitaires de France, 2007: 187-204.
[51] 罗家德, 周超文, 郑孟育. 组织中的圈子分析: 组织内部关系结构的比较研究[J]. 现代财经（天津财经大学学报）, 2013, 10: 4-16.
[52] Yang Y Y. Relation et identité. Approche du processus psycho-social de la formation du "nous" chez les Chinois[M]// Laurence R B, Guo Y H, Li P L, et al. La Nouvelle Sociologie Chinoise. Paris: Éditions du CNRS, 2008: 451-481.
[53] Yang Y Y. Guanxilization or categorization: Psychological mechanisms contributing to the formation of the Chinese concept of "us"[J]. Social Science in China, 2009(2): 49-67.
[54] Astier I. Les Nnouvelles Règles du Social[M]. Paris: Paris Presses Universitaires de France, 2007.
[55] 罗红光. 公共服务义务化[EB/OL]. http: //wcm. chinareform. org. cn: 8080/pub/people/L/luohongguang/Article/201009/t20100925_44521. htm[2020-03-25].
[56] Alexander J C. Durkheimian Sociology: Cultural Studies[M]. Cambridge: Cambridge University Press, 1988.

[57] 刘正爱. 黑龙江省三家子村追踪调查[J]. 满族研究, 2009(1): 27-34.
[58] 李向平. “佛教社会”及其社会理论刍议[M]//宗性, 道坚. 佛教与中国传统文化：杨曾文先生七秩贺寿文集. 北京：中国社会科学出版社, 2009.
[59] Yang Q K. 1961. Religion in Chinese Society[M]. Berkeley: University of California Press.
[60] 吾淳. 中国宗教集体精神的缺失：以涂尔干宗教社会学理论为参照的考察[J]. 华东师范大学学报(哲学社会科学版), 2004, 2: 28-33.
[61] 李芳英. 论涂尔干社会学理论中的宗教思想[J]. 东方论坛, 2006, 1: 105-110.
[62] 乔世东. 社会资源动员研究[J]. 上海交通大学学报(哲学社会科学版), 2009, (5): 18-24.
[63] 谌娟, 陈昌文. 宗教幻想与社会冲突：宗教社会学视域下的解读[J]. 宗教学研究, 2010, 4: 215-218.
[64] Fan L Z, Whitehead J D, Whitehead E E. Sociology of Religion and China[M]. Beijing: Current Events Press, 2010.
[65] 费孝通. 乡土中国[M]. 北京：生活・读书・新知三联书店, 1985.

Durkheim and the Post-Western Sociology: Continuities and Discontinuities Between Chinese and French Sociologies

Roulleau-Berger Laurence　Li Yong (translator)

(Ecole Normale Supérieure de Lyon, Lyon 69342, France)

Abstract Chinese Sociology was reconstructed in the 1980s, based on its relation to the history of Chinese social theory, and the complexity of societal context, as well as the foundation close to the European sociology. At first, Western sociology had a major influence on directing the reinvention of Chinese sociology. However, Chinese sociologists gradually “emancipated” themselves from European thoughts, as they developed theories, positions and methods that were parallel, complementary or even contrary to European sociology. Today, Chinese and Western intellectual heritage and specific theoretical methods are intertwined in Chinese sociology. Durkheim’s sociological theory was first announced in 1949. It further developed after 1979, and now it has been revised again. The acceptance of Durkheim’s theories by Chinese sociologists actually reveals the continuities and discontinuities between French and Chinese sociologies, and the differences between French and Chinese scholars on basic issues and ways of thinking about social integration or social conflict. Then, the divergence actually shows how Western concepts could be decontextualized and recontextualized with new senses in China. This paper will analyze the concept of Durkheim in French and Chinese sociology, by showing conjunctions and disjunctions and the intervals between theories, so as to improve the post-Western sociology. After that, this paper will further analyze how the "rules of the sociological methods" have become a common heritage in the French and Chinese context, or explain the basis of Durkheim's scientific rationalism that "social facts are regarded as things". Durkheim believes that the comparative method should be preferred in the treatment of evidence in sociological methods, and this paper will show how a multi-situated thought is constructed from contextualized social, economic, cultural and political phenomena in post-Western sociology. Finally, this paper will draw theoretical continuities and discontinuities about Durkheim's theories between French and Chinese sociology.

Keywords Durkheim; post-Western sociology; integration; solidarity; socialization; anomie; morals

从分治到善治：新中国城乡关系调整过程中的社会保障制度变迁

郑雄飞

摘　要　社会保障是社会关系的产物，既随着社会关系的演化而变迁，也通过嵌入社会结构反作用于社会关系。中华人民共和国成立以来，我国社会发展经历了传统农业社会向现代工业社会的转型，目前正在向后工业社会过渡。农业社会时期城乡分割的社会关系模式化为城乡二元结构，其间户籍和单位制等构筑了严密的身份体系，城镇人口享有社会保障待遇，而农村户籍人口被排除在社会保障体系之外。经济体制改革以来，农业社会向工业社会快速转型，大量农村人口进城务工或生活，社会身份格局不断分化演化；社会保障体系突破原来的城乡分割，但依然遭遇城乡二元格局阻隔。产业结构调整助推后工业化社会来临，户籍和劳动用工制度等城乡二元结构的藩篱逐步松动，身份体系在分化中交叉整合，城乡关系呈融合发展趋势。城乡统筹社会保障体系迎来新的机遇和挑战，需要处理好与户籍和劳动用工等相关制度的关系，更需要增强社会保障体系内部的城乡公平性、权益流动性等制度品格，进而实现城乡关系的善治。

关键词　社会关系；社会保障；城乡分治；城乡融合；制度变迁

优化城乡关系，实现城乡融合发展是历史命题，也是现实问题。中华人民共和国成立前，城乡二元对立异常突出。中华人民共和国成立后，由于客观条件的制约，城乡分治、优先发展工业和城市成为我国经济社会发展战略的基本方针。长期以来，城乡社会关系二元分割逐渐固化为城乡二元社会结构，严重影响了经济纵深发展和社会有序运行。作为经济社会体制机制的重要部分，社会保障在其

作者简介：郑雄飞，1977 年生，男，北京师范大学教授、博士生导师，研究方向为民生保障和农村土地制度。

基金项目：国家社会科学基金重大项目“民生保障视角下农村地权结构调整的社会学研究”（18ZDA168）。

间也扮演了重要角色。改革开放特别是党的十八大以来，我国在统筹城乡发展和推进新型城镇化等方面取得了显著进展。十九大报告提出“实施乡村振兴战略”，“建立健全城乡融合发展体制机制”，“全面建成覆盖全民、城乡统筹、权责清晰、保障适度、可持续的多层次社会保障体系”。2019 年 5 月，《中共中央 国务院关于建立健全城乡融合发展体制机制和政策体系的意见》更是针对社会保障体系完善提出了指导性意见。社会保障是城乡关系的重要内容，理应在城乡互动中发挥更为重要的作用。为了推动城乡融合发展体制机制的建立健全，切实发挥社会保障在城乡融合发展中的积极作用，需要厘析社会保障与社会关系的内在逻辑，梳理城乡社会关系调整过程中社会保障的制度变迁，进而探索城乡关系互动过程中社会保障的“制度善”。

1 社会保障与社会关系的互动逻辑

如“嵌入性”理论所言，经济社会行动都是嵌入社会关系中的，对社会行动和社会制度的理解应当置于社会关系分析的基础之上[1]。厘析城乡关系变迁中社会保障的角色的作用，首先需要探究社会保障与社会关系的内在逻辑。

1.1 社会保障与社会关系的内在逻辑

在我国，社会保障主要包含社会救助、社会保险、社会福利三个层次。无论哪种层次或类型，社会保障本质上都是社会团结或者说社会连带关系的产物，呈现了个体或群体之间互助共济的社会关系。诚然，不同层次和类别的社会保障蕴含着不同类型和层面的社会关系。例如，社会救助体现了受益人、政府、村集体等个体与社会组织之间的关怀连带关系，社会保险呈现了参保者、用人单位或村集体、政府之间的风险共担关系，社会福利则表现了福利享受者和政府、用人单位或村集体等福利供给者之间的利益共享关系。

社会关系是个体或者组织在日常生产生活实践中所形成甚至缔结的各种联系。就社会再生产过程的四个环节而言，社会关系主要有生产关系、分配关系、交换关系和消费关系。就社会领域的子系统而言，则主要包括经济关系、政治关系和社会关系。从联结方式来看，社会关系主要有“身份”和“契约”两种基础性的表现形式。身份是个体在社会中的位置，作为一种利益分割机制，承载着个体相对于他人、组织或社会整体的权利和义务关系[2]。契约是个体或组织基于一定共识或通过协商合意而结成的社会关系规范。与身份一样，作为一种行为规范或利益分配机制，契约支配着私人生活与公共生活：民事契约是个体关系的准则，社会契约则是国家合法性的根源。当今社会是"身份性契约型社会"[2]，身份和契约在各方面都规范和约束着人们的个体行为和互动关系。

社会保障制度是社会关系的产物，与身份和契约等社会联结方式密不可分。在参保资格、社保缴费和待遇享受等环节上，都需要通过确认参保者和待遇享受者的身份（如雇员和公民等）、明确个体与用人单位甚至村集体和政府的权利和义务关系（如劳动合同、成员权、户籍甚至国籍等）来保护和实现人们的社会权益。诚然，社会保障也影响到社会关系的运行，运转良好的社会保障能够增强社会亲和力，直接推动相关社会关系的维系和优化；反之，则可能弱化社会连带关系，破坏社会团结的有效维持和社会关系的良性运行。

1.2 城乡社会关系变迁与社会保障制度建设

城乡社会关系是城乡两个地理或社会空间之间诸多社会关系的集合，包括按照社会再生产环节或社会子系统所区分的各种社会关系等。中华人民共和国成立后，我国社会确立了阶级、城乡居民（市民和农民）、就业（或职业）及所有制等身份系列[3,4]。改革开放以来，社会关系不断多元化演变，社会结构和形态也在不断调整。在社会形塑和发展过程中，社会关系不断模式化为相应的社会结构，并成为社会资源分配的重要手段[5,6]。作为社会关系的体现或载体，社会保障通常以制度安排的形式嵌入社会结构之中，且随着社会关系和社会结构的调整而不断发展变化。

长期以来，我国城乡二元的社会结构和社会关系不只是城市与乡村的区域或空间关系，更包含身份性的城乡二元社会地位体系，体现了城乡居民在基本权利、社会地位、资源享受上的不平等和不合理[7]。随着家庭联产承包责任制的实施、城乡劳动力市场的整合和户籍管理制度的改革，城乡两个空间的社会诸要素不断融合，大量农村土地被征收或规划为工业化、城镇化用地；众多农村人口进城务工和生活，城镇化步伐日益加速，与生产生活相关的身份体系和契约类型不断调整，城乡社会关系不断演化，城乡二元结构也随之逐步松动。迄今，我国社会形态经历了农业社会、工业化社会和后工业化社会的发展历程。在这一追逐社会现代化的曲折过程中，尽管社会保障制度发挥了重要作用，但是在顺应城乡社会关系调整方面通常显得相对滞后，尤其是流动性和包容性不足，尚不能满足城乡融合发展尤其是农村人口追求权利实现和美好生活的需要。

2 农业社会：城乡二元格局、身份割裂与社会保障城乡分野

尽管中华人民共和国成立以后党和政府大力推进工业化，国家工业体系形成，工业总产值也大幅提高，但农业劳动者占据绝对多数且仍是生产力水平低下的农业大国。该时期城乡关系实质上是工农业关系的表现，工农业关系是城乡关系的核心[8]。中国社会本质上处于农业社会的发展阶段，统购统销制度、人民公社制度和户籍制度“三套马车”[9]以及相关配套制度安排共同构筑了严密的城乡二元结构。通过城乡分割甚至牺牲农村利益来优先发展城市，优先发展工业尤其是重工业。而农业劳动力只能滞留在农业部门，被排除在国家工业化进程之外[10]，农村人口较少甚至无法享有现代化的社会保障待遇。

2.1 城乡关系二元分割与社会管理相关二元身份体系

农业社会的特征主要体现在农业人口和农业产值的总体占比非常高。据统计，1952 年第一产业在国内生产总值中的占比高达 50.5%，其就业人数占总体就业人数的 83.5%，第二、第三产业的就业人数分别占 7.4%和 9.1%①。随着生产技术发展和组织化程度提高，农村出现了农业剩余劳动力。《政务院关于劳动就业问题的决定》认为“农村中大量的剩余劳动力不同于城市的失业半失业人员。他们是有饭吃有地种的”，应当“大力说服农民，以克服农民盲目地向城市流动的情绪”。而后，《关于解决农村剩余劳动力问题的方针和办法》②主张通过开荒拓土和发展多种形式经营等方式就地吸收劳动力，防止盲目向城市流动。彼时，全社会的基本共识是只有工业化才能解决贫穷落后，才能解决农民问题；因而效仿苏联的社会主义工业化模式即依靠建立单一的公有制和计划经济来优先快速发展重工业，

① 参见《中国统计年鉴 2000》。
② 参见《中国人口年鉴 1985》。

逐步形成了农业支持工业、农村支持城市、城乡分隔的“二元经济”体制[8]。

农业经营管理体制对农村生产要素的规制。“土改运动”完成之后，绝大部分农村土地是农民私人所有，土地等生产要素自由流动，但出现了“新富农”甚至土地买卖等现象。为此，《关于农业生产互助合作的决议（草案）》和《关于农业合作化问题的决议》等文件陆续出台，通过各种互助合作形式的社会主义改造，把以生产资料私有制为基础的个体农业经济改造成以生产资料公有制为基础的农业合作经济。尤其是《政务院关于实行粮食的计划收购和计划供应的命令》，为降低成本向工业和城市发展提供必要的农业剩余产品，政府通过对农副产品统购统销形成了直接控制农村生产要素配置的体制，通过建立人民公社、生产大队和生产队“三级所有”“政社合一”的集体经营体制，很大程度约束了农村劳动力等生产要素的流动，强化了政府对农业生产要素的配置权。

与经济生产尤其是新的国家体系构建相适应。在社会管理方面，中华人民共和国成立之初我国从业人员就被划分为干部、工人和农民三种身份，分别归口农业、劳动和人事三个部门管理。这些身份体系是社会系统运行和社会关系规范的基础，其他制度围绕其建立，如就业安置、粮食等生活品供给、社会保障甚至婚姻制度等。特别是 1958 年全国人民代表大会常务委员会通过实施的《中华人民共和国户口登记条例》，标志着城乡二元分割户籍制度的建立。户籍制度将居民分为农业户口和非农业户口，将城乡分割为两个不同的利益群体，农民被限制在农村，少有自由流入城市的机会[11]。至此，城乡二元社会关系逐渐形成并不断固化。

2.2 城乡结构二元格局与社会保障制度的城乡分野

随着统购统销、户籍及其相关配套制度的建立，城乡要素流动基本被切断，城乡之间形成了相互封闭甚至隔绝的二元结构[11]。此时期的社会保障体系，无论是制度建构还是待遇供给，无论是项目类别还是水平高低，从建制伊始就表现出极强的城乡二元分野，城镇人口尤其是体制内就业人员的社会保障待遇水平远高于农村人口。就社会救助而言，除少数分散供养之外，农村“五保供养”都是以集体经济为供养基础，而在城市社会救助则属于政府的法定义务。至于社会保险，更是呈现出极强的身份差异和职业隔离，主要表现为：占城镇户籍人口绝大多数的工人和干部享有政府提供的社会保险待遇，而在农村没有相对应的制度，农村户籍人口则无法享受相关待遇。在城镇，政务院于 1951 年颁布了《中华人民共和国劳动保险条例》，为企业职工建立养老、医疗和工伤保险制度。1952～1955 年，中央政府相继发布多个文件①，为机关事业单位工作人员建立公费医疗（含工伤）和退休金制度。然而，在农村农民主要依靠土地耕种、集体生产或家庭经营获取生计保障；只是随着农业互助合作社的发展，才逐步建立村民自筹资金的公益性合作医疗制度。另外，此阶段我国社会福利是典型的就业关联型城镇福利，是一种国家负责、单位分割、封闭运行的福利体制[12]。城镇在“企业（单位）办社会”格局下形成了以（单位）职工福利为核心，辅以民政福利和价格补贴等的社会福利体系，而在农村则鲜有社会福利可言。作为社会关系的载体，社会保障与就业、教育等相关制度一样，嵌入社会结构中并不断强化原有的城乡二元社会关系和社会结构。

3 工业化社会：身份分化、城乡二元格局松动与社会保障体系重建

尽管改革开放前国民生产总值中的农业产值占比大幅下降且工业产值占比已显著上升②，但农业就业人数的占比只下降了 13 个百分点（1952～1978 年从 83.5% 下降到 70.5%）③。在提高社会生产效率和农村人口追求福利改进的客观要求下，工业化、城镇化成为全社会的基础性共识。改革开放以来，以农村家庭联产承包责任制和城市经济体制改革为主的经济社会体制调整逐步松动了城乡二元经济结构，城乡社会关系发生了重大变化。其间，以身份关系和就业关系为代表的社会关系不断演化，社会保障制度随之重建并在城乡关系重构过程中发挥了重要作用。

3.1 工业化、城镇化快速发展背景下的城乡二元关系松动

1978 年以前，农村劳动力无法随着国家工业化的步伐向城镇地区和工业部门自由流动，加上“知识青年上山下乡”等的影响，大量剩余劳动力长期滞留在低生产率的农业部门[13]。而后，城乡关系的调整首先反映在知识青年返城和全面恢复高考制度。大约 2000 万名上山下乡的知识青年和下放干部返城就业，高考制度的全

① 《中央人民政府政务院关于全国各级人民政府、党派、团体及所属事业单位的国家工作人员实行公费医疗预防的指示》《国家机关工作人员退休处理暂行办法》《卫生部关于公费医疗的几项规定》《国家工作人员公费医疗预防实施办法》《国家机关工作人员退职处理暂行办法》等。

② 1978 年，国民生产总值中第一、第二、第三产业的占比依次为 27.7%、47.7%和 24.6%；相比 1952 年，第二产业（工业）的占比增加了 26.8 个百分点、第一产业（农业）的占比下降了 22.8 个百分点。

③ 参见《中国统计年鉴 2018》《中国统计年鉴 1999》。

面恢复和迅速发展也使得一批农村学生进入城市[8]。一方面，在农村经济体制改革过程中土地经营模式由以生产队为主的集体生产转变为家庭联产承包责任制，农户成为相对独立的经营主体，可以自主地安排劳动力和生产资料；加上后来统购统销政策的废除，农户掌握的农业生产剩余也相对增多，所有这些都间接推动了农村富余劳动力的流动。另一方面，随着乡镇企业“异军突起”，由于农业的比较利益相对较低，农村出现了“离土不离乡”或者“离土又离乡”的劳动力转移。1983 年，政府允许农民从事农产品长途贩运和自销，第一次给予农民异地经营以合法性[9]。尤其是在 1984 年开启城市经济体制（如企业承包经营责任制等）改革之后，城镇劳动力市场逐步向农村人口开放。1985 年 7 月公安部出台《公安部关于城镇暂住人口管理的暂行规定》，默许从农村到城市的劳动力流动，标志着二元分割城乡关系逐步松动。

户籍管理制度方面。自 1984 年中央“一号文件”允许务工、经商、办服务业的农民自理口粮到集镇落户开始，户籍管理制度呈现不断松动甚至放开的趋势。1985 年，全国人民代表大会常务委员会通过《中华人民共和国居民身份证条例》，居民身份证制度的正式实施为人口流动奠定了基础。1997 年 6 月，《小城镇户籍管理制度改革试点方案》和《关于完善农村户籍管理制度的意见》要求进行户籍制度改革，允许已在小城镇就业、居住并符合一定条件的农村人口办理城镇户口。2000 年中共中央、国务院发布《中共中央　国务院关于促进小城镇健康发展的若干意见》，2001 年国务院下发《国务院批转公安部关于推进小城镇户籍管理制度改革意见的通知》，小城镇户籍制度改革全面展开[14]。自此，有合法固定的住所、稳定的职业或生活来源的人员及与其共同居住生活的直系亲属，均可根据本人意愿办理城镇常住户口；已在小城镇办理的蓝印户口或自理口粮户口等，且符合上述条件的，统一登记为城镇户口。《中华人民共和国居民身份证条例实施细则》（1999 年修订）和《中华人民共和国居民身份证法》（2003 年）进一步确立了“居民”身份，一定范围内突破了城乡分割格局，促进了农村富余劳动力就近有序向城镇转移，为城乡关系统筹奠定了必要的制度基础。

土地管理制度方面。人地关系以及衍生地权关系是城乡社会关系的重要内容甚至基础性决定因素。长期以来，农村土地制度在很大程度上对农村人口承担着生产资料和生计保障的双重功能。在计划经济时期大部分社会资源掌握在政府手中，土地征收征用鲜有补偿；然而随着经济体制转轨和家庭联产承包责任制的实施，生产和生活资料高度共有的“一元化”利益格局被打破并日趋多元化，一味通过行政指令抽调农村资源已经行不通[15]。为了保障征地工作的顺利开展，满足工业化、城镇化的用地需求，各级政府不断探索和实施了保险安置、就业安置、

“农转非”、“村改居”、“土地换保障”（甚至自愿放弃承包权置换市民身份）等多种形式的土地管理制度。例如，2001年《国务院批转公安部关于推进小城镇户籍管理制度改革意见的通知》就明确指出，“根据本人意愿，可保留其承包土地的经营权，也允许依法有偿转让。农村集体经济组织要严格执行承包合同，防止进城农民的耕地撂荒和非法改变用途。对进城农户的宅基地，要适时置换，防止闲置浪费”。在工业化、城镇化进程中农村人口的土地依附关系不断松动[16]，“离土不离乡”甚至“离土又离乡”的现象越来越普遍，农户的土地权利诉求已发生重大变化。土地管理制度改革在顺应工业化、城镇化发展要求的同时也迫切需要建立健全社会保障体系，进而协调城乡关系的良性互动。

3.2 社会身份体系分化演化与社会保障制度重建

经济体制改革以来，中国社会的总体性迅速释放，社会成员的身份角色不断分化，城乡社会关系发生了巨大变化。其间，农民的经济社会身份更是多元演化，由依附于村集体的生产队社员演变成相对自主经营的农户，由耕地农民分化成传统耕地农民、种植大户、专业户、兼业农民、失地农民和进城务工人员等。他们的生产生活方式和主客观利益诉求都发生了重要变化。为了应对城乡关系调整过程中不同农村人口的权益诉求，我国社会保障制度安排也经历了相应的建设和发展。

随着“包产到户”“包干到户”等形式家庭联产承包责任制的实施，农村人口的风险防范机制发生了重大改变。首先反映在合作医疗保险方面。由于农村集体经济迅速解体，合作医疗制度失去赖以存在的根基，“看病贵、看病难”问题日益严重。经过多方实践探索，2003年《国务院办公厅转发卫生部等部门关于建立新型农村合作医疗制度意见的通知》等文件发布，面向农村户籍人口的新型合作医疗得以重建。同时，农村集体经营模式的变革也带来了农村户籍人口基本生计依托载体的变化。为探索养老保险制度，民政部1992年出台《县级农村社会养老保险基本方案（试行）》，以“不由国家供应商品粮”的农村人口为对象，基于“农民”身份探索县级农村社会养老保险。但由于互济功能弱、保障待遇低等缺陷，农村人口的参保积极性不高，加上政府机构改革中相关部门的职能调整等原因，该方案最后被清理整顿，以失败告终①。为了建立覆盖城乡居民的社会保障体系，2009年国务院颁发《国务院关于开展新型农村社会养老保险试点的指导意见》，建立新

① 参见《国务院批转整顿保险业工作小组保险业整顿与改革方案的通知》（国发〔1999〕14号）。

型农村社会养老保险并确立了个人（家庭）、集体、政府合理分担责任的筹资机制。在社会救助方面，国务院于 2006 年再度发布《农村五保供养工作条例》，把供养基金由“从村提留或者乡统筹费中列支”改为“在地方人民政府财政预算中安排”，弥补了集体经济衰落所带来的经费短缺问题。更大的成绩在于，继 1997 年城镇建立最低生活保障制度之后，农村也于 2007 年建立最低生活保障制度。这既标志着社会救助由传统的道义救助向政府义务性的法定救助转变[17]，也实现了基于国民身份的最低生活保障权益从城市向农村拓展。

随着工业化、城镇化步伐不断加快，大量农村人口进城务工，但不能与城市户籍工人一样享受相关的社会保障待遇，进一步加剧了城乡二元矛盾冲突。为保护农民工利益，2006 年《国务院关于解决农民工问题的若干意见》颁布，要求各地探索建立农民工养老保险。人力资源和社会保障部 2009 年就《农民工参加基本养老保险办法》面向社会公开征求意见，指出在城镇就业并与用人单位建立劳动关系的农民工应当参加基本养老保险。尽管该项保险与城镇职工基本养老保险类似，但由于制度设计本身和参保者意愿等原因，农民工参保积极性不高，“退保潮”也经常发生。为完善社会保障体系，国务院曾发布《国务院关于建立城镇职工基本医疗保险制度的决定》（国发〔1998〕44 号）和《工伤保险条例》（2003 年）等规范文件，尝试把进城务工人员纳入城镇社会保险的覆盖范围，但收效甚微。另外，在城镇化加快发展的背景下大量农村土地被征收，为协调城镇化和社会保障需求之间的张力，在中央政府多部门的导向下①各地开展了多种形式的基于“身份置换”逻辑的“土地换保障”实践探索和制度尝试，如面向失地农民探索社会保障制度。其间，城乡二元结构尤其是户籍制度始终是阻碍农村进城人员参加社会保障体系和享受同等社会保障待遇的关键因素之一。

4 后工业化社会：身份整合、城乡深度融合与社会保障制度创新

近 40 年以来，中国社会经历了农业社会向工业社会的转变，目前正向后工业

① 参见《国务院关于加强土地调控有关问题的通知》（国发〔2006〕31 号）、《国务院办公厅转发劳动保障部关于做好被征地农民就业培训和社会保障工作指导意见的通知》（国办发〔2006〕29 号）和《关于切实做好被征地农民社会保障工作有关问题的通知》（劳社部发〔2007〕14 号）等文件。

社会过渡，城乡社会关系正处于城乡二元结构松动并向城乡融合转变的多重交错状态。其间，社会成员的生产生活方式都发生了显著变化，社会身份体系不断重组整合，利益诉求在多元化的同时也呈现多层次的交叉性，社会保障迎来了制度探索与创新的黄金时期。

4.1 产业结构调整背景下城乡结构的深度融合

近10年来，中国社会正在进行前所未有的产业结构调整，后工业社会悄然来临。不同于以商品生产为基础的工业社会，"后工业社会"是以服务行业为基础的[18]。从三次产业的国内生产总值占比来看，2009年第一产业的占比为9.8%，2017年下降到7.9%；第二产业的占比自2012年开始下降，2016年更是下降到39.9%[①]；第三产业占比自2001年超过40%之后不断上升，2015年首次突破50%，达到50.2%，2017年更是上升到51.6%。就三次产业的就业人数占比而言，第一产业就业人数的占比自改革开放以来不断下降，2014年跌破30%（只有29.5%），2017年更是下降到27.0%；第二产业就业人数的占比在经历上升之后，于2014年开始持续降低，2017年下降到28.1%；而第三产业就业人数的占比则持续上升，2011年首次超过第一和第二产业（达到35.7%），2014年上升到40.6%，2017年更是增加到44.9%[②]。与工业社会具有显著不同，后工业社会的劳动关系表现出较强的灵活性，社会网络取代了城乡差别[19]，劳动者通常会到工作关系之外的社会网络中寻找价值认同甚至身份归属。社会成员之间的连带关系不再拘泥于血缘关系甚至业缘关系，而是在更为广阔的社会身份层面展开，如国民身份甚至各种"俱乐部"成员身份等。

产业结构调整背后蕴含着城乡社会关系和社会结构的深层次调整。一方面，城镇化水平提升，人口城镇化规模大幅增加。2011年，全国城镇化率首次突破50%，达到了51.3%，2017年更是上升到58.5%；就城乡就业人数而言，自2014年起，城镇就业人员超过并逐渐远多于农村就业人员，2017年城镇就业人员的比重上升到54.7%[②]。越来越多的农村劳动力和农村户籍人口进入城镇工作和生活，并实现了工作角色、身份归属甚至价值认同的城镇化。他们所遭受的经济社会风险和所主张的权益诉求偏好中的"非农化"成分占据主导地位。另一方面，产业结构

① 2017年有所上升，为40.5%。参见《中国统计年鉴2018》。
② 参见《中国统计年鉴2018》。

升级尤其是区域性调整推动了相当一部分沿海地区的产业向内陆地区转移，其间也出现了一定规模的逆城镇化现象，如“民工返乡创业”等。诚然，逆城镇化并不是简单的农民工返乡或城里人进村，而是人口和技术等生产要素在城乡之间双向流动甚至优化配置的体现，是城乡关系在更高层次中融合发展的重要体现。

就城乡社会关系而言，无论是城镇化还是逆城镇化，其本质上都是城乡二元社会结构破除并融合发展的必要环节。通过政策创新和实践探索来改善相关社会管理体制机制，既是推动产业结构调整和破除二元社会结构的客观要求，也是助推城乡社会融合协调发展的内在要求。户籍制度是城乡经济社会体制机制作用力的关键点。依据居民这一基础性的身份平台，构建城乡统一的户籍管理体系是破除城乡二元结构这一痼疾的核心抓手。在各地长期探索基础上，基于城乡融合理念和推进城乡一体化的战略考量，国务院于 2014 年颁布《国务院关于进一步推进户籍制度改革的意见》，取消农业户口与非农业户口性质区分和由此衍生的蓝印户口等户口类型，统一登记为居民户口，体现了户籍制度的人口登记管理功能。本质上讲，户籍制度本身只是一种人口登记手段，其所承载的社会保障资质条件和待遇水平才是核心，因而建立健全统筹城乡的社会保障体系对于破除城乡二元结构显得尤为重要。

4.2 身份整合视角下城乡统筹的社会保障体系建设

自改革开放尤其是“七五”计划明确提出“社会保障”以来，我国社会保障制度体系建设取得了长足进步。2012 年，党的十八大报告要求坚持“全覆盖、保基本、多层次、可持续”的方针，全面建成覆盖城乡居民的社会保障体系。但受制于城乡二元的结构性障碍，社会保障体系在城乡统筹和城乡衔接等方面依然面临建制不足的问题。

为从源头上破除城乡分治的二元格局，统筹城乡社会建设，2014 年的《国务院关于进一步推进户籍制度改革的意见》实现了“居民”这一社会成员基础性平台的身份整合，为社会保障体系建设奠定了必要的制度基础。在养老保险方面，《国务院关于建立统一的城乡居民基本养老保险制度的意见》宣布将新型农村社会养老保险和城镇居民社会养老保险两项制度合并实施，在全国范围内建立统一的城乡居民基本养老保险制度，而《城乡养老保险制度衔接暂行办法》则为城镇职工基本养老保险制度和城乡居民基本养老保险制度之间的相互衔接探索了通道。

在医疗保险方面，国务院于2016年发布《国务院关于整合城乡居民基本医疗保险制度的意见》，推进新型农村合作医疗和城镇居民基本医疗保险整合，实现了社会基本医疗保险制度的城乡二元整合。足见，以多方共担费用为核心特点的社会保险在城乡统筹方面已然取得了重要进展。但是，由于不同层级或区域政府之间财权事权的相对独立性，社会救助和社会福利两个层面的社会保障体系尚存在明显的城乡分割状况，如最低生活保障制度的城乡分割和区域阻隔等。

无疑，城乡关系调整过程中农民市民化是一个绕不开的重要话题。它是农村劳动力转移和城乡社会关系优化的重要途径，更是农民社会身份和职业角色“非农化转变”的复杂性社会系统工程[20]。农民市民化包括农民自身角色意识和生产生活方式的变换，尤其需要社会保障以及相关公共服务的合理有效供给。然而，包括农民工在内的进城人口很多时候被排除在城镇社会保障体系以及其他基本公共服务体系之外。尽管统筹城乡社会保障和基本公共服务体系已成为城乡和区域经济一体化发展的客观需要，同时《国务院关于进一步推进户籍制度改革的意见》指出“不得以退出土地承包经营权、宅基地使用权、集体收益分配权作为农民进城落户的条件”，但是由于地方政府财政支付压力等因素的制约，一些地方依然试图诱导农民通过放弃村民身份尤其是土地权益来置换市民身份及相关社会保障待遇。概而言之，协调好不同层级和不同区域政府等相关方之间的事权与财权关系依然是建立健全城乡统筹社会保障体系，进一步优化城乡社会关系的内在要求。

5 余论：城乡关系互动中社会保障的“制度善”

人的本质是一切社会关系的总和①。社会结构是社会关系模式化，社会成员嵌入社会结构中并受其制约。社会保障是个体社会权利的体现，是相关社会关系（如劳动关系）的载体，也是社会结构的重要组成部分。城乡二元结构限制了农民的经济自由，也限制了农民的社会权利，严重制约经济社会关系的良性发展[14]。经济体制改革以来，我国城乡结构的最大变化是国家从社会管理和经济运行制度上放宽了对农民的控制，农民有了越来越大的自主性[7]。自2006年取消农业税以来，尽管城乡不均衡的格局没有彻底改变，但城乡关系发展战略总体上进入以工补农、以工促农、以城带乡和城乡融合的崭新阶段。近年来，城乡二元结构进一步松动，

① 详见《马克思恩格斯选集》第1卷第66页，人民出版社1995年出版。

新型城镇化和乡村振兴等重大战略相继实施和推进，城乡经济社会关系在相互交融中不断优化。这为城乡社会保障体系建设提供了新的历史机遇，也提出了新的现实要求。

纵观社会保障制度建设，城乡统筹社会保障体系经历了从无到有、从分割到衔接的曲折历程，制度真空化和碎片化状况均已得到改观。尽管社会保障制度建设已取得了重要进展和巨大成就，在破除城乡二元结构过程中扮演了重要角色，但尚不能适应新时代城乡关系融合发展的需要。概括而言，主要表现在制度内部规则的城乡分割、制度外部环境的欠友好等方面。从外部制度环境来看，尽管户籍制度不再区分农业和非农业人口，但很多时候依然是社会保障资格条件和待遇享受的区分标准，如一些地区的最低生活保障依然表现出城乡二元分割。从内部制度衔接通道来看，由于缺乏必要的衔接机制，保障待遇难以实现跟随权利人的流动而流动。即便可以流动，也是城镇向农村流动容易，而农村向城镇流动则面临制度通道不畅甚至缺失①。为顺应新时代打造“工农互促、城乡互补、全面融合、共同繁荣”新型工农城乡关系的客观需要，社会保障体系建设应当从外部制度环境和内部制度衔接通道两个方面着手，处理好与户籍制度和劳动用工制度等相关体系之间的关系；尤其应当增强社会保障体系内部的城乡公平性、权益流动性等制度品格，平等保障城乡居民的合法权益，进而助力城乡社会关系的融合和优化。

参考文献

[1] Mark G. Economic action and social structure: the problem of embeddedness[J]. American Journal of Sociology, 1985, 3(91): 481-510.

[2] 郑雄飞. 身份识别、契约优化与利益共享——我国养老保险的制度变迁与路径探索[J]. 社会学研究, 2016, 31(1): 98-122, 244.

[3] 孙立平, 王汉生, 王思斌, 等. 改革以来中国社会结构的变迁[J]. 中国社会科学, 1994(2): 47-62.

[4] 郑杭生, 洪大用. 当代中国社会结构转型的主要内涵[J]. 社会学研究, 1996(1): 58-63.

[5] 孙立平. “关系”、社会关系与社会结构[J]. 社会学研究, 1996(5): 22-32.

---

① 如进城务工人员返乡时可将城镇的职工社会保险转轨到城乡居民社会保险，但在农村参加的社会保险（如新型农村合作医疗和新型农村社会养老保险）则不能转轨到城镇职工基本保险。诚然，其主要是职工社会保险和居民社会保险在缴费标准和待遇水平方面的差异所致，但也是城乡分割的客观事实。

[6] 郑杭生，李路路. 社会结构与社会和谐[J]. 中国人民大学学报, 2005(2): 2-8.
[7] 王春光. 城乡结构：中国社会转型中的迟滞者[J]. 中国农业大学学报(社会科学版), 2007(1): 46-57.
[8] 武力. 1949—2006 年城乡关系演变的历史分析[J]. 中国经济史研究, 2007(1): 23-31, 76.
[9] 蔡昉. 中国“三农”政策的 60 年经验与教训[J]. 广东社会科学, 2009(6): 148-157.
[10] 韩俊. 中国城乡关系演变 60 年：回顾与展望[J]. 改革, 2009(11): 5-14.
[11] 谢志强，姜典航. 城乡关系演变：历史轨迹及其基本特点[J]. 中共中央党校学报，2011, 15(4): 68-73.
[12] 郑功成. 中国社会保障制度变迁与评估[M]. 北京：中国人民大学出版社, 2002.
[13] 周其仁. 机会与能力：中国农村劳动力的就业和流动[J]. 管理世界, 1997(5): 81-101.
[14] 魏后凯, 刘长全. 中国农村改革的基本脉络、经验与展望[J]. 中国农村经济, 2019(2): 2-18.
[15] 郑雄飞. 破解“土地换保障”的困境——基于“资源”视角的社会伦理学分析[J]. 社会学研究, 2010, 25(6): 1-24, 242.
[16] 郑雄飞. 从“他物权”看“土地换保障”——一个法社会学的分析[J]. 社会学研究，2009, 24(3): 163-186, 245.
[17] 郑功成. 中国社会保障 30 年[M]. 北京：人民出版社, 2008.
[18] 贝尔. 后工业社会的来临——对社会预测的一项探索[M]. 高铦，等译. 北京：新华出版社, 1997.
[19] 蔡禾, 叶保强, 邝子文, 等. 城市居民和郊区农村居民寻求社会支援的社会关系意向比较[J]. 社会学研究, 1997(6): 10-17.
[20] 文军. 农民市民化：从农民到市民的角色转型[J]. 华东师范大学学报(哲学社会科学版), 2004, 36(3): 55-61.

From Divided Governance to Good Governance: Changes of Social Security Systems in the Process of Urban-Rural Relation Adjustments in the People’s Republic of China

Zheng Xiongfei

(School of Government, Beijing Normal University, Beijing 100088, China)

Abstract Social security is the product of social relations. It changes with the evolution of social relations, and reacts on social relations by embedding social structures. Since the establishment of the People's Republic of China, social development has undergone the transformation from an agricultural society to an industrialized society, and is currently in the process of the transition to a post-industrial society. In the period of agricultural society, the social relationship between urban and rural areas was modeled into a dual urban-rural structure, in which the household registration and unit systems had established a strict identity system. The urban population enjoyed social security benefits, while the registered population in villages was excluded from the social security system. Since the reform of economic systems, the agricultural society has been rapidly transforming into industrialized society, with a large number of rural populations going to work or live in city, and the social identity pattern has been constantly differentiated and evolved; the social security system has broken through the original urban-rural division, but it still encounters the dual urban-rural barriers. The adjustment of industrial structure has promoted the advent of a post-industrial society. The barriers of the urban-rural dual structure, such as household registration and labor employment systems, have gradually loosened. The identity system has been cross-integrated during the differentiation, and the urban-rural relationship has shown a trend of integrated development. The overall urban-rural social security system ushers in new opportunities and challenges. It is necessary to properly handle the relationship among household registration, labor employment and other related systems, and it also needs to strengthen the institutional characters, such as the fairness between urban and rural areas, the mobility of rights and interests within the social security system, so as to achieve the good governance of urban-rural relations.

Keywords social relations; social security; urban-rural division; urban-rural integration; institutional changes

城市社会融合与流动人口的心理健康及其代际差异

徐延辉　穆森超

摘　要　本文采用2014年中国流动人口动态监测调查数据，从城市社会融合角度探讨流动人口的心理健康及其代际差异。本文将城市社会融合分为社会经济融合、社会参与、文化融合及心理融合四个维度，心理健康分为生活满意度和抑郁倾向两个维度。研究发现：流动人口的心理健康整体表现为中等水平且存在代际差异，老一代流动人口的心理健康水平整体上高于新生代群体；城市社会融合显著影响流动人口的心理健康，但其不同维度对不同代际流动人口的心理健康影响不同。

关键词　城市社会融合；流动人口；心理健康；代际差异

1　引言

健康作为人们实现美好生活的基础，对个人发展、社会和谐、国家富强具有重要意义。改革开放以来，我国社会经济快速发展，国民生活水平大幅提高，医疗卫生体系不断完善，但是国民健康状况却不容乐观，尤其是国民心理健康[1]。《中国城镇居民心理健康白皮书》数据显示，2017年我国城镇居民心理完全健康的仅有10.3%，73.6%的城镇居民处于心理亚健康状态[2]。流动人口受户籍制度和城乡二元结构的限制，其在城市融合过程中存在不同程度的心理偏差和心理不适，心理健康问题较普通居民更为严重。同时，不同年龄、不同生活经历的流动人口

作者简介：徐延辉，1965年生，女，厦门大学社会与人类学院副院长、社会学系教授、博士生导师，研究方向为经济社会学、社会政策。穆森超，1992年生，厦门大学社会学系硕士研究生，研究方向为社会政策。

在教育程度、思想文化观念等内在因素方面存在较大差异，使得流动人口不再是高度同质的一个整体，其心理健康也可能存在很大的代际差异。提升流动人口的心理健康，不仅是其自身在城市生存发展的内在需求，也是“健康中国”建设的应有之义。本文从城市社会融合视角出发，分析城市社会融合对流动人口心理健康的影响及其代际差异。

2 文献综述

2.1 心理健康及其影响因素

健康的定义涉及范围较广，按照 1947 年世界卫生组织（World Health Organization，WHO）的定义，健康是指一个人“在身体、心理和社会适应等方面都处于良好的状态”。其中心理和社会适应都涉及心理健康问题。心理健康研究最早可以追溯到 20 世纪初比尔斯提倡的心理卫生与心理健康运动，此后学者对心理健康进行了广泛研究。但对于心理健康的定义，目前尚未达成共识。

心理学认为心理健康主要是一种个人情绪和情感体验，包括积极和消极两个维度[3]；社会心理学认为心理健康是个体在与社会环境互动时，能使个体的心态保持平衡，使情绪及认知保持稳定的状态[4]；社会学认为心理健康是一种积极的内在体验，是指个人具有良好的社会适应能力，且能够有效地发挥个人潜力和社会功能[5]。总之，心理健康可以从两个方面来观测：一是当个体独处时，自己心理处于一种满意状态；二是与他人相处时，个体能与他人保持良好的人际关系，具有良好的社会适应能力。所以心理健康既可以表现为一种怡然自得和积极向上的心理状态，也可以体现为个体承担压力和面对困难的一种能力。

心理健康的衡量标准有多种，至今尚未形成统一的指标体系。与传统的单维度关注心理是否存在障碍的研究视角相比，积极心理学认为心理健康既包含消极心理状态的解除，又包含积极心理状态的获得[6]，因此，在衡量心理健康状况时，将积极指标与消极指标作为相互关联但又互相独立的统一体，可以更为全面、客观地描述其心理健康水平。概括而言，心理健康的积极指标包括以下五类：①生活满意度；②正性情感；③自我效能；④自尊；⑤总体积极心理健康。心理健康消极指标也包括五类：①抑郁倾向；②负性情感；③焦虑；④压力；⑤总体消极心理健康[7]。本文参照悦中山等[8]的做法，在积极指标和消极指标中各选一个指标，分别为生活满意度及抑郁倾向，作为测量心理健康的综合指标。这两个指标既有代表性，又能互相验证，可以较好地反映个体的心理健康水平。

关于流动人口心理健康，研究发现，该群体心理健康水平不仅低于城市居民，甚至低于全国居民的平均水平[9]，但总体水平呈逐步上升趋势[10]；流动人口的心理健康问题主要体现为人际关系紧张、焦虑、自卑倾向严重、抑郁等[11]。从流动人口内部来看，新生代流动人口由于对城市生活的心理预期偏高，心理承受能力及抗压能力较弱，易出现自卑、孤独等心理问题，心理健康相较于老一代更差[12]。

流动人口心理健康问题是多种因素共同作用的结果，主要表现在宏观层面、中观层面和微观层面。

从宏观层面看，城乡二元体制是造成流动人口出现各种心理问题的根本原因。城市社会的排斥、歧视及隔离使得流动人口产生诸多心理隐患，进而演化为不同程度的心理障碍[13]。

从中观层面看，社会情境是形塑心理健康差异的根本原因。流动人口在适应城市新环境时，因为在找工作和日常交流过程中面临技能和语言等各方面转换，容易陷入转换困境，产生负面心理效应[14]。社会支持作为一种保护性因素，对心理健康发挥着积极作用。研究发现，社会资本中的社会信任与网络密度有助于改善精神状态[15]，并且可以调节性别、年龄等对心理健康的影响[16]。此外，家庭支持也是影响流动人口心理健康的重要因素[17]。

从微观层面看，年龄、性别、婚姻状况等人口学特征对流动人口的心理健康影响均无定论。有的研究表明，青年流动人口处于被忽略的境地，使得他们与城市居民产生隔阂，导致其心理健康水平偏低[10]，随着年龄增加，青年流动人口的精神健康水平会随之升高[18]；但是也有研究表明，高龄流动人口作为特殊群体，由于背负养家的重要责任，与当地同龄人相比会产生相对剥夺感，从而易产生不同程度的心理障碍[19]；还有研究表明，年龄对心理健康并没有显著影响[20]。关于性别与婚姻，何雪松等[21]发现城乡迁移群体中男性和女性精神健康状态都不好，男性比女性更容易出现心理健康问题；但是也有研究发现男性、已婚者的心理健康水平更高[9,11]，而胡荣华和葛明贵[20]的研究发现，婚姻状态对流动人口心理健康不存在显著影响。

通过梳理文献可以发现，已有研究主要集中于制度层面、社会环境、社会资本、家庭等因素对流动人口心理健康的影响，关于城市社会融合对流动人口心理健康的影响研究较少。

2.2 城市社会融合对流动人口心理健康的影响

社会融合最早由涂尔干在研究自杀问题时提出，他认为较好的社会融合可以有效防止个人自杀[22]。随后，以帕克为代表的学者开始关注移民的社会融合，分析移民是如何进入和适应新环境，并共享文化历史和经验，进而整合在一个共同的文化生活之中的[23]。目前学界对于城市社会融合研究主要包括“社会整合”、“社会适应”及“社会认同”三个视角。“社会整合”认为社会融合应该是在平等、尊重等价值理念下，创造平台并能结合自身实际情况实现社会和谐的一种过程或结果[24]。“社会适应”强调社会融合是不同文化、不同语言、不同群体间持续接触，进而相互渗透、相互适应的过程[25]。“社会认同”视角下的社会融合主要关注通过一系列社会结构调整与主体的自我适应，使外来人口在迁入地形成高度的城市归属感和身份认同[26]。

城市社会融合的测量维度，也是学者们关注的重点。Gordon[27]最早将其划分为认同性融合、文化融合、公共事务融合、行为接受、结构融合、婚姻融合和态度接受七个方面。当代学者对社会融合维度的划分持有不同观点，但已出现相对集中趋势，多数学者都将经济融合、社会融合、心理融合和文化融合作为主要测量指标[28,29]，此外还有学者将身份认同、行为适应纳入其中[30,31]。

迁移对移民带来的健康影响具有不确定性[23]。一方面，较好地融入城市社会对健康具有保护作用[32]；另一方面，没有实现良好的社会融合会对健康产生一定的负面效应，加剧人们的精神压力[33]。鉴于经济融合、文化融合和身份认同对移民城市社会融合具有重要影响，接下来就这三个维度对流动人口心理健康的影响进行文献回顾。

从经济融合维度看，相关研究主要关注流动人口在流入地的收入、社会经济地位、就业及住房等方面对健康的影响。收入对流动人口心理健康水平的影响最为直接，收入越高，心理健康水平越高[20]。社会经济地位，尤其是相对经济地位越高，流动人口的心理健康状况越好[15]。就业作为流动人口城乡迁移的主要驱动力，对其心理健康也具有显著影响。研究发现，良好的就业环境有助于改善流动人口的心理健康[34]，而失业则会加剧其健康风险[35]。住房是流动人口城市生活的基础条件，居住状况与其心理健康密切相关。流动人口人均居住面积越大，居住环境越好，心理健康水平越高[36]。

从文化融合维度看，文化融合对心理健康的影响由于研究视角不同大致存在三种关系：正向关系、负向关系和曲线关系[37]。正向关系基于文化环境适应假设，推论人们日常社会互动的开展对心理健康具有积极作用[38]；与本地人交往互动对流动人口心理健康具有显著影响[34]；多群体交往有助于增进彼此了解，在一定程度上消除文化心理差异，从而缓解流动人口的抑郁状况，提升其心理健康[39]。负向关系假设迁入地与迁出地在文化碰撞过程中产生冲突与移民压力，文化差异容易加剧流动人口的心理焦虑[40]。已有研究发现，现代性水平越高的流动人口受到的文化冲击越大，心理健康水平越低[41]。曲线关系是建立在文化融合过程中处于基本完成与未完成融合之间的状态，这个过程容易导致心理失调而产生焦虑。由于这种状态难以界定，对其相关关系的研究比较缺乏[37]。

从身份认同维度看，心理健康的影响具有很强的稳定性，身份认同可以具体划分为社会距离和归属感。社会距离与心理健康呈负相关，即社会距离越近，流动人口的心理健康状况越好[41]。社会距离越远，意味着流动人口与市民的关系越疏远，越难以形成其对城市的认同[42]。流入地的满意度也与自我效能感具有一定相关性[43]，城市归属感的提高有利于缓解流动人口的抑郁状况[41]。

2.3 流动人口的代际差异

改革开放 40 年也是人口流动和社会急剧变迁的 40 年，因为流动时间、生活经历和出生年代等各种因素的影响，流动人口已经不再是一个高度同质的整体，新生代流动人口在流动目的和对城市的适应性上与老一代相比存在显著差异[44]，因此，对流动人口的研究需要考虑代际差异问题。目前对代际差异研究主要集中在个体特征、教育程度、就业选择、流动目的及城市认同等方面。

在个体特征方面，老一代流动人口基本上处于已婚状态，而新生代群体未婚者占多数[45]。在教育程度方面，流动人口文化程度普遍不高，但新生代流动人口受教育水平明显高于老一代群体[12]。在就业选择方面，由于新生代流动人口受教育水平更高，掌握一定的职业技能，相较于老一代群体就业选择机会更多。在流动目的方面，老一代外出务工主要是为了减轻家庭经济负担，没有定居城市的打算，而新生代流动人口有着成为流入地居民的期待[46]。在城市认同方面，新生代流动人口对家乡概念比较模糊且感情不深，接受更多的是流入地的生活方式，因而对新环境的接受能力较强，自我认同感比较强烈[47]，老一代群体对城市的认同感和归属感则比较薄弱[48]。梳理文献可以发现，现有研究主要从流动人口的个体特征、教育程度、就业选择、流动目的及城市认同等方面分析其代际差异的影响，对于城市社会融合如何影响两代流动人口的心理健康仍然存在探讨空间。

3 研究设计

3.1 数据来源

本研究采用的数据来源于 2014 年中国流动人口动态监测调查数据（China Migrants Dynamic Survey，CMDS）对北京、厦门、嘉兴、郑州、青岛、成都、深圳和中山 8 个城市的流动人口关于社会融合与心理健康的调查，调查对象主要是在本地居住 1 个月及以上，非本区（县、市）户口的 15～59 周岁流动人口，采取按规模大小成比例的概率抽样（probability proportionate to size sampling，PPS）方法进行抽样，总共获得 15 999 个样本，其中新生代流动人口（1980 年及以后出生）为 7947 人，老一代流动人口（1980 年以前出生）为 8052 人。

3.2 变量

3.2.1 因变量：心理健康

依据积极心理学相关理论并参照悦中山等[8]的做法，选择代表积极心理状态的生活满意度和代表消极心理状态的抑郁倾向作为心理健康的测量指标。

3.2.1.1 生活满意度

生活满意度以问题答案得分来测量，题目如下：①我的生活在大多数方面都接近于我的理想；②我的生活条件很好；③我对我的生活很满意；④迄今，我在生活中已经得到了我想要得到的重要东西；⑤假如生活可以重新再过一次的话，我基本上不会做任何改变。答案分为“非常不同意”到“非常同意”7 个等级，依次赋值为 1～7，数值越大，说明流动人口的生活满意度越高。利克特量表的

Alpha 信度系数为 0.862，具有较好的信度。然后进行因子分析，KMO 值为 0.858，Bartlett 球形检验显著，经过最大方差旋转后提取出一个因子，命名为生活满意度因子，解释方差达到 66.1%。

3.2.1.2 抑郁倾向

抑郁倾向以问题答案得分来测量，首先询问流动人口在过去 30 天以下情绪出现的频率：①紧张；②绝望；③不安或烦躁；④太沮丧以至于什么都不能让您愉快；⑤做每一件事都很费劲；⑥感觉无价值。答案包括“全部时间”、“大部分时间”、“一部分时间”、“偶尔”和“无”5 个选项。然后将题目进行反向转换，依次赋值为 1～5，得分越高，表明流动人口抑郁倾向越高。Alpha 信度系数为 0.834，具有较好的信度。最后进行因子分析，KMO 值为 0.855，Bartlett 球形检验显著，经过最大方差旋转后提取出一个因子，命名为抑郁倾向因子，解释方差达到 55%。

3.2.2 自变量

城市社会融合是一个多维度概念，通过相关文献梳理发现，城市社会融合主要包括经济、社会、文化、心理四个层面。本文参照杨菊华[31]的划分方法，将城市社会融合具体操作化为社会经济融合、社会参与、文化融合与心理融合。

3.2.2.1 社会经济融合

本文选取经济收入、相对经济地位、工作时间、社会保障 4 个指标测量流动人口的社会经济融合情况。经济收入以个人月收入测量，根据极值法来作量纲化处理，使其单位统一并具有相对性质，并以收入对数形式纳入模型；相对经济地位以问题答案得分来测量，即询问“与目前居住地的亲戚朋友与同事相比，您处在哪个位置”，1～10 代表人们在社会中的地位高低，得分越高，相对经济地位越高；工作时间以周工作时间测量①；社会保障以问题答案得分来测量，即询问“您目前是否有以下保险：失业保险、城镇企业职工基本养老保险、新型农村社会养老保险、新型农村合作医疗保险、工伤保险、生育保险、城镇职工基本医疗保险”，有赋值为 1，无或不清楚赋值为 0，然后将 7 项得分相加。

---

① 周工作时间=每周工作天数×每天工作小时数。对于流动人口而言，其每周工作时间不同，计算公式为：Z_j =[X_j–Min（X_j）/（Max（X_j）–Min（X_j）]，最终得出每周工作时间中工作实际的标准化得分。其中，Z_j 为标准化处理后的变量值，X_j 为实际变量值，Min（X_j）为周工作时间最小值，Max（X_j）为周工作时间最大值。

3.2.2.2 社会参与

社会参与以问题答案得分来测量，即询问“您目前在本地是否是以下组织的成员：工会、流动党支部、老乡会、志愿者协会、同学会、家乡商会组织、本地党支部”，有赋值为 1，无赋值为 0，分值越高，代表社会参与越活跃。

3.2.2.3 文化融合

文化融合通过 8 道问题答案得分来测量，问题如下：①认同遵守家乡的风俗；②认同按照家乡的习惯办事；③认同孩子应该学会说家乡话；④认同保持家乡的生活方式；⑤认同卫生习惯；⑥认同衣着打扮；⑦认同教育理念或养老观念；⑧认同对一些社会问题的看法。答案分成“非常同意”到“非常不同意”5 个等级，依次赋值 1～5 分，对后面 4 个问题进行反向赋值。Alpha 信度系数为 0.755，然后进行因子分析，KMO 值为 0.761，Bartlett 球形检验显著；经过最大方差旋转后形成 2 个因子，分别命名为文化价值差异因子和家乡文化保持因子，解释方差为 67.28%。

3.2.2.4 心理融合

心理融合通过 12 道问题答案得分来测量，问题如下：①愿意与本地人居住在一个街区；②愿意与本地人做同事；③愿意与本地人做邻居；④愿意与本地人交朋友；⑤愿意亲人与本地人通婚；⑥愿意自己成为其中一员；⑦感觉自己属于这个城市；⑧感觉自己是城市的一员；⑨感觉自己是城市的一部分；⑩感觉本地人不愿与我做邻居；⑪感觉本地人不喜欢我；⑫感觉本地人看不起我。答案分为“完全不同意”到“完全同意”4 个等级，依次赋值 1～4 分，对最后 3 个问题进行反向赋值。Alpha 信度系数为 0.766，然后进行因子分析，KMO 值为 0.887，Bartlett 球形检验显著；经过最大方差旋转后形成 3 个因子，分别命名为自我认同因子、社会距离因子和本地人接纳因子，解释方差为 77.43%。

3.2.3 控制变量

基于既有研究，本研究将性别、受教育程度、婚姻状况、流动范围等变量作为控制变量纳入模型。

4 研究结果

4.1 流动人口代际心理健康状况

通过独立样本 t 检验对比两代流动人口的心理健康状况（表 1），结果显示，从总体看，流动人口的生活满意度处于中间位置，抑郁倾向不明显；老一代流动人口的心理健康状况整体上好于新生代群体，生活满意度更高，出现抑郁倾向的可能性更小。

表 1　两代流动人口心理健康状况差异

项目	代	均值	标准差	t 值	p 值（双侧）
生活满意度	新生代	21.252	6.179	11.978	0.000
	老一代	22.430	6.261		
抑郁倾向	新生代	9.5349	3.088	−4.562	0.000
	老一代	9.3135	3.052		

4.2 流动人口心理健康代际差异影响因素回归分析

为了探讨流动人口心理健康的代际差异，本文建立多元线性回归模型，从而更详细地分析城市社会融合对代际群体的影响。基于回归模型要求，自变量之间不能存在明显线性相关，因此，需要进行多重共线性检验，检验结果介于 0.776～0.991，在容差允许范围内，不存在共线问题，可以进行回归分析。

4.2.1 流动人口生活满意度影响的代际差异

从控制变量看（表 2），模型 1 和模型 3 显示，性别对新生代流动人口生活满意度有显著影响，即新生代群体男性的生活满意度低于女性，而性别对老一代群体的影响不具有统计显著性。教育程度显著影响老一代流动人口的生活满意度，本科及以上学历的老一代群体相较于低学历者生活满意度更高，在加入城市社会融合指标后，生活满意度呈负相关，说明教育程度对老一代群体生活满意度的影响受其他变量的影响，而教育程度对新生代群体的生活满意度影响不显著。流动范围对生活满意度影响也存在代际差异，流动范围过大会降低新生代流动人口的生活满意度，但对老一代群体不具有统计显著性。

表 2　代际流动人口生活满意度影响的多元回归结果

解释变量	新生代生活满意度		老一代生活满意度	
	模型 1	模型 2	模型 3	模型 4
	Beta（SE）	Beta（SE）	Beta（SE）	Beta（SE）
性别[a]	−0.031（0.144）**	−0.040（0.134）***	−0.008（0.148）	−0.018（0.137）!
初中[b]	−0.022（0.484）	−0.022（0.450）	−0.004（0.206）	−0.034（0.190）*
高中[b]	0.001（0.491）	−0.015（0.461）	−0.015（0.243）	−0.052（0.231）***
大专[b]	0.001（0.511）	0.010（0.483）	0.010（0.346）	−0.030（0.334）**
本科及以上	0.003（0.550）	−0.029（0.524）	0.026（0.434）*	−0.028（0.432）**
初婚[c]	0.112（0.151）***	0.068（0.144）***	0.074（0.443）***	0.045（0.408）**
再婚[c]	0.015（1.691）	0.010（1.573）	0.046（0.683）**	0.029（0.628）*
离异或丧偶[c]	−0.014（1.021）	−0.017（0.950）	−0.024（0.632）	−0.030（0.580）*
跨省流动[d]	−0.067（0.390）*	−0.006（0.368）	−0.011（0.372）	0.050（0.349）!
省内跨市[d]	−0.062（0.391）*	−0.006（0.365）	−0.014（0.377）	0.018（0.347）
城市社会融合				
收入对数		0.048（0.000）***		0.012（0.000）
相对经济地位		0.303（0.043）***		0.314（0.043）***
周工作时间		0.068（0.567）***		0.032（0.501）**
社会保障		−0.019（0.073）		−0.011（0.081）
社会参与		0.011（0.086）		−0.013（0.090）
家乡文化保持		0.038（0.025）***		0.012（0.026）
文化价值差异		−0.021（0.025）!		−0.058（0.025）***
社会距离		−0.026（0.033）*		−0.005（0.033）
自我认同		0.146（0.037）***		0.145（0.036）***
本地人接纳		0.002（0.038）		0.052（0.039）***
常数	27.118***	5.071***	23.431***	5.440***
调整的 R^2	2.3%	15.9%	1.4%	17.2%
F 值	15.409***	56.406***	9.99***	62.778***
N	7947	7947	8052	8052

! $p<0.1$，* $p<0.05$，** $p<0.01$，*** $p<0.001$

注：参考类别 a 女性，b 小学及以下，c 未婚，d 市内跨县

从预测变量看，模型 2 和模型 4 在加入城市社会融合变量后，模型的解释力分别提升 13.6%和 15.8%，说明城市社会融合显著影响流动人口的生活满意度，但在具体维度和代际上存在差异。社会经济融合维度，收入对数和周工作时间对新生代群体生活满意度的影响高于老一代群体，相对经济地位对老一代群体生活满意度的影响高于新生代群体，社会保障对两代群体的生活满意度均无影响。社会参与对两代群体的生活满意度的影响不具有统计显著性。文化融合维度，家乡文化保持对新生代群体的生活满意度具有正向影响，对老一代群体没有影响；文化价值差异对老一代群体的生活满意度有负向影响，对新生代群体没有影响。心理融合维度，社会距离会降低新生代群体的生活满意度，本地人接纳则会提升老一代群体的生活满意度；自我认同对两代群体的生活满意度都有影响，两者没有本质性差别。

4.2.2 流动人口抑郁倾向影响的代际差异

从控制变量看（表 3），模型 5 和模型 7 显示，性别对老一代群体抑郁倾向有显著影响，即老一代群体中女性出现抑郁倾向的可能性低于男性，但性别对新生代群体的影响不具有统计显著性。教育程度提高可以显著降低老一代群体的抑郁倾向，但对新生代群体来说，本科及以上学历比未受过教育的人出现抑郁的可能性更小。在婚姻方面，相较于未婚，初婚显著影响新生代群体的抑郁倾向，而再婚在一定程度上会影响老一代群体的抑郁倾向。就流动范围而言，跨省流动会提高老一代群体患抑郁症的风险程度，但对新生代群体没有影响。

表 3　代际流动人口抑郁倾向影响的多元回归结果

解释变量	新生代抑郁倾向		老一代抑郁倾向	
	模型 5	模型 6	模型 7	模型 8
	Beta（SE）	Beta（SE）	Beta（SE）	Beta（SE）
性别[a]	−0.006（0.072）	−0.009（0.070）	−0.026（0.072）*	−0.022（0.069）**
初中[b]	−0.034（0.242）	−0.012（0.234）	−0.005（0.101）	0.004（0.097）
高中[b]	−0.005（0.246）	0.026（0.240）	0.047（0.119）**	0.054（0.117）***
大专[b]	0.007（0.256）	0.031（0.252）	0.023（0.169）!	0.042（0.168）**
本科及以上	0.022（0.275）	0.049（0.275）*	0.001（0.212）	0.025（0.217）**
初婚[c]	−0.066（0.076）***	−0.041（0.075）***	−0.052（0.216）**	−0.023（0.207）
再婚[c]	0.004（0.849）	0.004（0.818）	−0.045（0.334）**	−0.025（0.318）!

续表

解释变量	新生代抑郁倾向		老一代抑郁倾向	
	模型 5	模型 6	模型 7	模型 8
	Beta（SE）	Beta（SE）	Beta（SE）	Beta（SE）
离异或丧偶[c]	−0.010（0.513）	−0.004（0.494）	−0.012（0.309）	−0.002（0.294）
跨省流动[d]	0.055（0.196）!	−0.033（0.192）	0.027（0.182）	−0.057（0.177）**
省内跨市[d]	0.051（0.197）	0.000（0.190）	−0.001（0.184）	−0.042（0.176）
城市社会融合				
收入对数		0.018（0.000）		−0.018（0.000）
相对经济地位		−0.146（0.022）***		−0.136（0.022）***
周工作时间		0.000（0.295）		0.003（0.254）
社会保障		−0.013（0.021）		−0.030（0.041）*
社会参与		−0.074（0.045）***		−0.092（0.046）***
家乡文化保持		0.013（0.013）		0.022（0.013）**
文化价值差异		0.102（0.013）***		0.140（0.012）***
社会距离		0.081（0.017）***		0.065（0.017）***
自我认同		−0.056（0.019）***		−0.048（0.018）***
本地人接纳		−0.060（0.020）***		−0.102（0.020）***
常数	26.928***	20.808***	24.750***	20.751***
调整的 R^2	0.9%	8.1%	0.5%	9.9%
F 值	6.402***	26.744***	4.296***	33.778***
N	7947	7947	8052	8052

! $p<0.1$，* $p<0.05$，** $p<0.01$，*** $p<0.001$

注：参考类别 a 女性，b 小学及以下，c 未婚，d 市内跨县

从预测变量看，模型 6 和模型 8 在加入城市社会融合变量后，模型的解释力分别提升了 7.2%和 9.4%，说明城市社会融合显著影响流动人口的抑郁倾向，但在具体维度和代际上存在差异。社会经济融合维度，相对经济地位对两代群体的抑郁倾向都具有显著影响，差距越大，出现抑郁倾向的可能性越大；社会保障对降低老一代群体抑郁倾向具有显著影响，但对新生代群体没有影响；社会参与会降低两代群体的抑郁倾向。文化融合维度，文化价值差异会加剧两代群体出现抑郁倾向的风险，而家乡文化保持可以降低老一代群体的抑郁倾向，但对新生代群

体不具有统计显著性。心理融合维度的各项指标都会影响两代群体的抑郁倾向，说明社会距离、自我认同和本地人接纳对两代群体抑郁倾向具有实质性影响。

5 总结与讨论

本文基于 2014 年中国流动人口动态监测调查数据,从城市社会融合视角探究流动人口心理健康的代际差异及其影响机制，具体研究结论如下。

第一，流动人口的心理健康整体上处于中等水平，但存在代际差异。老一代流动人口的心理健康水平整体上高于新生代流动人口，生活满意度更高，出现抑郁倾向的可能性更小。需要注意的是，虽然整体而言，流动人口的抑郁情况并不严重，但抑郁倾向是比“生活不满意”更加负面的指标，更容易引起极端事件，因此需要引起社会重视。

第二，城市社会融合对流动人口的生活满意度具有重要影响。从代际差异看，经济收入、家乡文化保持、社会距离影响新生代流动人口的生活满意度；文化价值差异及本地人接纳会影响老一代流动人口的生活满意度，而相对经济地位、周工作时间、自我认同对两代群体的生活满意度都有影响。社会经济融入是流动人口城市融入的物质基础，只有在经济上立足，才更有信心参与到现居地的社会生活中[49]。因此，收入水平是提升流动人口生活满意度的重要因素，但收入对老一代群体不具有统计显著性，与已有研究结果不一致[19]。文化融合维度，家乡文化保持会降低新生代群体的生活满意度，文化价值差异则会降低老一代群体的生活满意度。新生代流动人口相对较早地接触到城市文化，习得城市居民的生活习惯，对家乡习俗缺乏了解[50]，因而家乡文化保持并不能提升其生活满意度。老一代群体在外出打工前几乎都在农村生活，这种农村文化与城市文化价值观念冲突时所产生的不适会对老一代群体的心理健康产生负面影响。心理融合维度，社会距离会降低新生代群体的生活满意度。社会距离越大，意味着流动人口与市民的关系越疏远，越难以形成其对城市的认同感和归属感[42]。而本地人接纳则会提升老一代群体的生活满意度。新生代群体对新环境的接受能力强，因而可以更好地融入城市[47]，而老一代群体由于城市生活时间较长，对当地居民的接纳程度和歧视态度更加敏感，更多地将自身认定为外地人，不利于其心理健康[51]。

第三，城市社会融合是影响流动人口抑郁倾向的重要因素。从代际差异看，社会保障及家乡文化保持是老一代流动人口抑郁倾向的重要预测变量，但对新生代群体不具有统计显著性。社会保障对健康起着保护伞的作用，尤其是医疗服务的可及性有利于降低老年人发生长期多维健康贫困的风险[52]。因此，社会保障对于降低老一代群体的抑郁风险发挥着重要作用。对于老一代群体而言，当他们进入城市社会，家乡文化与城市文化的碰撞使其容易产生巨大心理落差，会加剧其抑郁风险。相对经济地位对两代群体的抑郁倾向具有重要影响，说明影响流动人口抑郁倾向的不是他们的低收入水平，而是他们与当地人对比后产生的相对剥夺感[15]。社会参与也会影响两代群体的抑郁倾向。工会等组织在一定程度上能为流动人口提供强大的社会支持和社会网络，有助于缓解心理压力，促进心理健康。此外，心理融合各项指标都显著影响两代群体的抑郁倾向。社会距离和社会歧视会导致流动人口抑郁倾向的提升，而迁入地居民的友好态度则可以缓解这种抑郁风险。

参考文献

[1] 黄开斌, 王习农. 健康中国——国民健康研究[M]. 北京: 红旗出版社, 2016.

[2] 人民网-人民健康网.《中国城镇居民心理健康白皮书》正式发布[EB/OL]. http://health.people.com.cn/n1/2018/0502/c14739-29960956. html[2018-05-02].

[3] 林崇德, 李虹, 冯瑞琴. 科学地理解心理健康与心理健康教育[J]. 陕西师范大学学报(哲学社会科学版), 2003(5): 110-116.

[4] 王书荃. 学校心理健康教育概论[M]. 北京: 华夏出版社, 2005.

[5] 刘华山. 心理健康概念与标准的再认识[J]. 心理科学, 2001, 24(4): 481.

[6] 王鑫强, 张大均. 心理素质与心理健康关系模型构建: 对 PTH 和 DFM 的超越[J]. 西南大学学报(社会科学版), 2012, 38(6): 67-74.

[7] 齐晓栋, 张大均, 邵景进, 等. 气质性乐观与心理健康关系的元分析[J]. 心理发展与教育, 2012, 28(4): 392-404.

[8] 悦中山, 李树茁, 费尔德曼. 农民工的社会融合研究: 现状、影响因素与后果[M]. 北京: 社会科学文献出版社, 2012.

[9] 蒋善, 张璐, 王卫红. 重庆市农民工心理健康状况调查[J]. 心理科学, 2007(1): 216-218.

[10] 黄四林, 侯佳伟, 张梅, 等. 中国农民工心理健康水平变迁的横断历史研究: 1995—2011[J]. 心理学报, 2015, 47(4): 466-477.

[11] 聂伟, 风笑天. 农民工的城市融入与精神健康——基于珠三角外来农民工的实证调查[J]. 南京农业大学学报(社会科学版), 2013, 13(5): 32-40.

[12] 周莹. 青年与老一代农民工融入城市的代际比较研究——基于 W 市调查案例的实证分析[J].

中国青年研究, 2009(3): 54-58.

[13] 布朗, 木子西. 社会资本理论综述[J]. 马克思主义与现实, 2000(2): 41-46.

[14] 黄馨, 张联社. 角色理论视域下新生代农民工城市适应研究[J]. 城市发展研究, 2014, 21(8): 120-124.

[15] 胡荣, 陈斯诗. 影响农民工精神健康的社会因素分析[J]. 社会, 2012, 32(6): 135-157.

[16] 朱荟. 社会资本与心理健康: 因果方向检定和作用路径构建[J]. 人口与发展, 2015, 21(6): 47-56.

[17] 杨世昌. 家庭教养与儿童青少年心理[M]. 北京: 人民卫生出版社, 2011.

[18] 詹劲基, 苏展, 静进. 流动农民工的心理健康问题的研究现状[J]. 医学综述, 2008(1): 158-160.

[19] 吴敏, 段成荣, 朱晓. 高龄农民工的心理健康及其社会支持机制[J]. 人口学刊, 2016, 38(4): 93-102.

[20] 胡荣华, 葛明贵. 对 408 名城市农民工心理健康状况的调查[J]. 中国卫生事业管理, 2008(3): 196-198.

[21] 何雪松, 黄富强, 曾守锤. 城乡迁移与精神健康: 基于上海的实证研究[J]. 社会学研究, 2010(1): 111-129.

[22] 涂尔干. 自杀论 [M]. 冯韵文, 译. 北京: 商务印书馆, 1996.

[23] Berry J W. Immigration, acculturation, and adaptation [J]. Journal of Cross-Cultural Psychology, 1997, 46(1): 5-34.

[24] 梁鸿, 叶华. 对外来常住人口社会融合条件与机制的思考[J]. 人口与发展, 2009, 15(1): 43-47.

[25] 任远, 邬民乐. 城市流动人口的社会融合: 文献述评[J]. 人口研究, 2006(3): 87-94.

[26] 崔岩. 流动人口心理层面的社会融入和身份认同问题研究[J]. 社会学研究, 2012, 27(5): 141-160.

[27] Gordon M M. Assimilation in American Life: The Role of Race, Religion, and National Origins [M]. New York: Oxford University Press, 1964.

[28] 朱力. 论农民工阶层的城市适应[J]. 江海学刊, 2002(6): 82-88.

[29] Entzinger H, Beizereld R. Benchmarking in immigrant integration[R]. Rotterdam: Erasmus University Rotterdam, 2003.

[30] 张文宏, 雷开春. 城市新移民社会融合的结构、现状与影响因素分析[J]. 社会学研究, 2008(5): 117-141.

[31] 杨菊华. 从隔离、选择融入到融合: 流动人口社会融入问题的理论思考[J]. 人口研究, 2009, 33(1): 17-29.

[32] Fothergill K E, Ensminger M E, Robertson J, et al. Effects of social integration on health: A prospective study of community engagement among African American Women[J]. Social Science & Medicine, 2011, 72(2): 291-298.

[33] 钱文荣, 张忠明. 农民工在城市社会的融合度问题[J]. 浙江大学学报(人文社会科学版), 2006(4): 115-121.

[34] 刘林平, 郑广怀, 孙中伟. 劳动权益与精神健康——基于对长三角和珠三角外来工的问卷调查[J]. 社会学研究, 2011, 26(4): 164-184.

[35] 曾强, 徐慧兰. 失业对精神与躯体健康的影响[J]. 国外医学: 精神病学分册, 2000(1): 13-16.

[36] 牛建林, 郑真真, 张玲华, 等. 城市外来务工人员的工作和居住环境及其健康效应——以深圳为例[J]. 人口研究, 2011, 35(3): 64-75.

[37] Rogler L H, Cortés D E , Malgady R G . Acculturation and mental health status among Hispanics. Convergence and new directions for research[J]. American Psychologist, 1991, 46(6): 585-597.

[38] Organista P B, Organista K C, Kurasaki K. The relationship between acculturation and ethnic minority health// Chun K M, Organista P B, Marín G. Acculturation: Advances in Theory, Measurement, and Applied Research [M]. Washington D C: American Psychological Association, 2003: 139-161.

[39] 郭星华, 才凤伟. 新生代农民工的社会交往与精神健康——基于北京和珠三角地区调查数据的实证分析[J]. 甘肃社会科学, 2012(4): 30-34.

[40] Bhugra D. Migration and Mental Health[J]. Acta Psychiatrica Scandinavica, 2004, 109(4): 243-258.

[41] 悦中山, 李树茁, 靳小怡, 等. 从"先赋"到"后致": 农民工的社会网络与社会融合[J]. 社会, 2011, 31(6): 130-152.

[42] 徐延辉, 邱啸. 居住空间、社会距离与农民工的身份认同[J]. 福建论坛(人文社会科学版), 2017(11): 127-136.

[43] 徐延辉, 史敏. 休闲方式、精神健康与幸福感[J]. 吉林大学社会科学学报, 2016, 56(5): 82-89, 189.

[44] 刘传江, 程建林. 第二代农民工市民化: 现状分析与进程测度[J]. 人口研究, 2008(5): 48-57.

[45] 成艾华, 姚上海. 农民工的代际差异分析[J]. 统计与决策, 2005(20): 63-65.

[46] 黄祖辉, 刘雅萍. 农民工就业代际差异研究——基于杭州市浙江籍农民工就业状况调查[J]. 农业经济问题, 2008(10): 51-59.

[47] 罗霞，王春光．新生代农村流动人口的外出动因与行动选择[J]．浙江社会科学，2003(1)：111-115.
[48] 许传新．新生代农民工城市生活中的社会心态[J]．社会心理科学，2007(10)：112-117.
[49] 杨菊华，张娇娇．人力资本与流动人口的社会融入[J]．人口研究，2016, 40(4)：3-20.
[50] 丁小萍．健康教育在病毒性心肌炎伴有心力衰竭患儿中的应用[J]．中国妇幼健康研究，2014, 25(3)：515-517.
[51] 樊威．提升新生代农民工人力资本和社会资本问题研究——基于农民工代际差异[D]．长沙：湖南农业大学，2010.
[52] 白晨，顾昕．高龄化、健康不平等与社会养老保障绩效研究——基于长期多维健康贫困指数的度量与分解[J]．社会保障研究，2019(2)：3-12.

Social Integration, Migrants' Mental Health Status and their Intergenerational Differences

Xu Yanhui, Mu Senchao

(School of Sociology and Anthropology, Xiamen University, Xiamen 361005, China)

Abstract Based on the China Migrants Dynamic Survey 2014, this study aims to explore the mental health of migrants in China and their intergenerational differences from the perspective of social integration. This paper divides social integration into four indicators: social-economic integration, social participation, cultural integration and psychological integration. Additionally, mental health is divided into two dimensions: life satisfaction and depression tendency. The study finds that: firstly, there is a significant intergenerational difference in the mental health of the migrants in China, in particular, the mental health of the older generation is notably higher than that of the new generation; secondly, the degree of social integration shows significant impact on migrants' mental health, while each dimension exerts different effects between generations.

Keywords social integration; migrants; mental health; intergenerational differences

“一带一路”沿线国家留学生对上海城市形象的认知特征及影响因素

——基于上海市高校的问卷调查

赵晔琴　张荣瑾

摘　要　本文基于城市意象理论和城市文化资本理论，通过对上海十所高校的留学生进行问卷调查，研究“一带一路”沿线国家留学生对上海城市形象的认知特征及影响因素。研究发现，“一带一路”沿线国家留学生认可上海的经济和就业前景，对上海物质基础建设评价高，而对社会公共服务与市民文化认知不足；常住上海和传播推荐上海的意愿较高。来源国地区、奖学金资助类型和来沪时间长短等因素均不同程度地影响留学生对上海城市形象的认知评价。

关键词　城市形象；认知；“一带一路”；留学生

随着“一带一路”倡议的推进，我国与“一带一路”沿线国家之间的合作逐渐深入。以高等教育为例，近年来“一带一路”沿线国家来华留学生数量呈明显增长趋势。2018 年我国接收 492 185 名外国留学生，来自 196 个国家和地区。学生数量比 2017 年增长了 0.62%[1]。“一带一路”沿线国家成为来华留学发展的新增长点，中国国际留学生前 15 名来源国家中约 2/3 为“一带一路”沿线国家①。聚焦上海的留学生情况，2016 年 6 万余名来沪留学生中来自“一带一路”沿线国

作者简介：赵晔琴，1979 年生，女，任职于华东师范大学一带一路与全球发展研究院、中国现代城市研究中心、社会发展学院，副教授，研究方向为城市社会学、移民社会学、人口与社会发展等。张荣瑾，1995 年生，女，就读于华东师范大学社会发展学院，硕士研究生，研究方向为城市社会学、性别与劳动。

基金项目：上海市教育委员会和上海市教育发展基金会曙光计划（17SG29）；华东师范大学一带一路与全球发展研究院专项课题（ECNU-BRGD-201811）。

① 中国国际留学生前 15 名来源国家分别为：韩国、泰国、巴基斯坦、印度、美国、俄罗斯、印度尼西亚、老挝、日本、哈萨克斯坦、越南、孟加拉国、法国、蒙古国、马来西亚。

家的有 1.6 万余名，约占来沪留学生总数的 26.6%[2]。2018 年，上海共接收 72 个"一带一路"沿线国家来华留学生 30 380 名，占来沪留学生总人数的 50%[3]。从全国总体情况到上海区域数据变化可以看出，在"一带一路"教育行动的倡导下，"一带一路"沿线国家留学生数量激增，且在总体留学生中占比超过半数，成为来华/来沪留学生的主要部分。同时，在国家间合作、共建命运共同体的国际态势下，"一带一路"沿线国家留学生是未来参与"一带一路"建设和向"一带一路"沿线国家传播上海城市形象的重要力量。因而，关注并探析他们对中国城市形象的认知和建构过程将有助于我们探索向"一带一路"沿线国家传播上海城市形象的有效路径，也是"讲好中国故事"的内在要求。

1 问题的提出

城市形象是城市实力的外在表现，反映着城市自然、经济和社会发展的整体水平。随着我国城市化的不断深入和对外交往的加强，有关城市形象的讨论和研究备受政府和学界关注。已有研究表明，城市形象是城市给予人们的综合性的感受与整体性的文化感知，是城市的历史与文化凝聚而成的符号性说明[4]。良好的城市形象对内能够增强市民归属感和凝聚力，对外能够提高城市知名度，促进城市经济、社会和文化的良性发展，从而提高城市的综合竞争力[5]。

城市形象研究是一项新兴的跨学科研究，涵盖了建筑学、城市规划学、美学、传播学、旅游学、营销学以及与城市相关的诸多学科。既有的城市形象研究涉及城市形象传播的理论与实践[6-8]、城市形象的设计、传播和营销策略[4,9]、不同群体对城市形象的认知与测量[10,11]、城市形象的公共关系研究[12,13]等，可谓五花八门、文理兼顾。一些西方学者将城市形象分为感知形象和投射形象[14]，认为外来群体对城市的感知形象和城市形象的传播者希望的投射形象的一致程度越高，说明城市形象的传播越好，因此感知形象可以成为投射形象传播效果的检验和反映[15]。在国内传播学和旅游学等相关学科中，学者以典型城市为个案，检验城市外来者的感知形象和投射形象之间的关系[16,17]。

关于对城市形象的影响因素，一些研究认为城市形象的组成部分主要是可见和可接触的城市景观，城市形象是人们对城市的印象，是主观感受[18]。也有学者强调城市文化对城市形象的重要影响。Richards 和 Wilson[19]研究了重大文化事件对鹿特丹城市形象的影响，发现在文化活动开展之后，无论是城市居民还是城市外来者都认同鹿特丹的形象有明显的正向改观。还有学者从感知者角度出发，探究个体所处的社会结构位置如何影响他们对城市形象的认知[20]。

对城市形象认知与建构的研究可以为全面了解城市对外形象提供一个重要的观察视角，本文将研究重点转向个体对城市形象的认知与建构，探究“一带一路”沿线国家留学生对上海城市形象的认知和判断有什么特点，哪些因素影响他们对上海城市形象的认知。

2 对城市形象的理论解释

关于城市形象的讨论，我们首先引入两种既有的理论解释。

2.1 城市意象理论

城市意象理论是由美国人本主义城市规划学者凯文·林奇（K. Lynch）于1960年率先提出的载于 The Image of the City。他从感觉形式出发，提出城市形象是人们对城市环境的印象以及形成的心理感知。城市形体的各种标志是供人们识别城市的符号，人们通过对这些符号的观察形成感觉，从而逐步认识城市的本质[18]。凯文·林奇将人们对城市的印象归纳为五种元素，即道路、边界、区域、节点和地标，他通过对波士顿、新泽西和洛杉矶三个城市的对比，解读了五种城市元素对市民心理的重要影响。他认为，城市具有意象性和可读性，城市形象是通过人们对五种元素的综合“感受”而获得的。凯文·林奇将心理学引入城市研究，将城市环境与人的主观感受联系起来，对传统的城市规划提出了挑战。此后，城市的可意象性（imageability）成为西方学者普遍的共识，并被广泛运用于城市规划学、城市社会学、地理学和建筑学等相关学科[21-23]。与此同时，法国学者 Ledrut[24]进一步强调了城市形象的社会情境，认为城市形象和它所处的社会情境是不可分割的，城市形象具有多重性，且这些多重性与城市对居民和空间使用者的多重含义相匹配。Lefebvre[25]也进一步拓展了城市形象与城市空间的含义，认为城市形象具有社会、历史、政治、文化和经济含义。

在我国，城市意象理论作为基本的理论视角越来越多地被运用于城市规划研究。相关主题涉及城市的整体空间意象，如广州、武汉、北京、南京等[26]城市特色空间形态，城市空间旅游景区、历史风貌街区[27]，以及对特定区域的城市形象设计，如大学城等[28]。这些实证研究均将凯文·林奇的意象调查方法和城市环境与个人感受联结作为基本的出发点，通过不同层面的典型案例研究，丰富和发展了城市意象理论的本土化实践。

2.2 城市文化资本理论

受布尔迪厄关于文化资本概念的启迪，2000 年以后，以张鸿雁为代表的国内城市研究者将文化资本概念从个人延伸到了城市，由此提出了“城市文化资本”的概念[29]。城市文化资本强调城市业已存在的精神文化、物质文化、制度文化和财富的“资本性”意义，如城市自身历史的物质文化遗存，流芳千古的人物及精神价值，以及城市自身创造的一系列文化象征与文化符号等，具有鲜明的资本属性和资本意义[30]。在《城市形象与城市文化资本论：中外城市形象比较的社会学研究》中，张鸿雁分析了中外城市形象理论的发生与发展过程，论证了城市形象、“城市文化资本”与“城市新行为文化主义”的社会、经济与文化属性[30]。该书被认为是国内首部研究城市形象与“城市文化资本”运作的学术专著。随后在《城市文化资本论》一书中，张鸿雁[31]又系统梳理了城市文化资本再生产、城市文化资本的生产场域和城市文化基因等理论，从而在整体上构建和完善了城市文化资本的理论体系。由此，城市文化资本理论成为城市形象研究的重要理论支持。

城市意象和城市文化资本为解释城市形象提供了重要的理论参照，也为我们的研究提供了重要的理论支持。城市形象不仅是公共基础设施等硬件的表现，还包括公共服务、市民素质、人文历史等软性要素。从群体角度来解析人们对城市形象的认知，不仅可以丰富和扩展城市形象的概念内涵，而且也为我们更多元地理解城市提供了重要路径。

3 数据、样本与方法

3.1 数据来源

本文的分析数据来源于华东师范大学一带一路与全球发展研究院于 2018 年 11 月至 2019 年 2 月在上海高校实施的“一带一路沿线国家在沪留学生对上海城

市形象的认知与建构"调查。此次调查采用两阶段抽样法：第一阶段为判断抽样，根据留学生在上海各高校的分布情况（《2017 上海教育年鉴》数据显示，上海留学生规模超过 1000 人的高校有 15 所，其中超过 4000 人的有 7 所，依次为复旦大学、上海交通大学、华东师范大学、同济大学、东华大学、上海外国语大学、上海大学）[32]，从上海市 64 所普通高等学校中选择 4 所"985 工程"高校、4 所"211 工程"高校和 2 所普通本科院校作为主要调查点；第二阶段为随机抽样，在被选高校中向来自"一带一路"沿线国家的留学生随机发放问卷。最终回收有效问卷 624 份，"985 工程"高校、"211 工程"高校和普通本科学校（其中有 8 份问卷来自其他院校）的样本数分别占比 45.8%、30.1%和 24.1%（表 1）。

表 1　问卷分布情况

高校类型	学校	问卷数量/份	小计/份	占比/%
"985 工程"高校	复旦大学	76	286	45.8
	上海交通大学	64		
	同济大学	68		
	华东师范大学	78		
"211 工程"高校	上海大学	39	188	30.1
	华东理工大学	54		
	东华大学	48		
	上海财经大学	47		
普通本科院校	上海师范大学	50	150	24.1
	上海工程技术大学	92		
	其他院校	8		
合计		624		100.0

注：其他院校包括上海海洋大学、上海机电学院、上海海事大学、上海外国语大学、上海对外贸易大学等

3.2　样本概况

调查样本中（表 2），从性别上看，男性 349 人，占总样本数的 55.9%；女性 275 人，占总样本数的 44.1%。从来沪就读年份上看，2017～2018 年占比最多，占总样本数的 65.9%。其中，来沪时间最长的有 9 年以上，最短的才 3 个月。从年龄上看，以 18～29 岁的青年留学生为主，共 553 人，占总样本数的 88.6%。从

学历上看，本科、硕士和博士分别占比 62.3%、29.5%和 8.2%。从专业大类上看，文科、理科、工科、艺术与体育及其他分别占比 66.3%、4.8%、19.6%、4.0%和 5.3%。其中，文科专业以对外汉语、国际贸易、金融、国际关系、汉语国际教育等为主。从来源国地区上看，来自亚洲与大洋洲地区的“一带一路”沿线国家留学生人数最多，占总样本数的 43.1%，来自中亚地区、东欧地区、非洲地区与美洲地区的“一带一路”沿线国家留学生均为 10.0%左右，来自西亚地区的“一带一路”沿线国家留学生最少，仅占 3.7%。从奖学金来源上看，获得中国政府奖学金和上海市外国留学生政府奖学金（简称上海市政府奖学金）加和达一半以上，其中中国政府奖学金者获得者占 36.0%，上海市政府奖学金获得者占 17.0%。其他留学费用包括自费（29.0%）、孔子学院奖学金（10.0%）、校际交流奖学金（3.0%）、国际组织资助（1.0%）和其他（4.0%）。

表 2　样本基本情况

类别变量	选项	人数/人	所占比例/%
性别	男	349	55.9
	女	275	44.1
来沪就读年份	2010 年以前	15	2.4
	2011～2013 年	30	4.8
	2014～2016 年	168	26.9
	2017～2018 年	411	65.9
年龄	18 岁以下	7	1.1
	18～29 岁	553	88.6
	30～39 岁	61	9.8
	40～49 岁	3	0.5
学历	本科	389	62.3
	硕士	184	29.5
	博士	51	8.2
专业大类	文科	414	66.3
	理科	30	4.8
	工科	122	19.6
	艺术与体育	25	4.0
	其他	33	5.3

续表

类别变量	选项	人数/人	所占比例/%
来源国地区	亚洲与大洋洲地区	269	43.1
	中亚地区	68	10.9
	西亚地区	23	3.7
	南亚地区	44	7.1
	东欧地区	66	10.6
	中欧与南欧地区	32	5.1
	非洲地区	60	9.6
	美洲地区	62	9.9
奖学金来源	中国政府奖学金	225	36.1
	自费	180	28.8
	上海市政府奖学金	105	16.8
	孔子学院奖学金	61	9.8
	其他	24	3.8
	校际交流奖学金	21	3.4
	国际组织资助	8	1.3

3.3 研究方法

对城市/国家形象的认知是传播学/政治传播学领域的重要研究内容。赵士林[33]的研究发现，个人差异、个人经历、人际传播和大众传播是影响外国留学生脑海中城市形象的四个主要因素。叶淑兰[34]对在沪外国留学生的中国形象认知进行研究，指出外国留学生的国家身份是影响他们对中国形象认知的最主要决定性变量，在中国的时间长短、学习的专业等也在不同程度上影响他们对中国的形象认知。姚君喜[35]指出，东西方不同文化背景是外籍留学生对中国人形象评价差异的主要原因，而是否来过中国、有无宗教信仰与对中国人形象评价并没有显著差异。基于以上关于外籍留学生的相关研究，本文充分考虑“一带一路”沿线国家留学生群体所处的多元社会文化背景和来沪学习的身份特殊性，重点关注来源国地区、奖学金来源、来沪时间长短、社会网络等因素如何影响他们对上海城市形象的认知。

本文将留学生对上海城市形象的认知特征划分为三个层面（表 3）。一是留学生对城市整体水平和吸引力的判定，即从观念层面上对上海城市的整体想象与认知。二是留学生对上海城市市容环境、公共基础设施、医疗资源与服务、市民素质与形象、城市文化等满意度评价，这是根据留学生来沪生活后对城市客观指标的打分所得。三是留学生对上海的居留意愿与传播意愿，是基于前两者的基础上得出的对上海城市的认同度。总体感知、客观指标评价和主观认同这三个层面可以勾勒出“一带一路”沿线国家在沪留学生对上海城市形象的认知特征情况。

表 3　认知特征的变量构成

认知层面	变量名称	变量值
总体感知	您认为上海处于哪一城市发展层次	1=全球城市，2=亚洲中心城市，3=中国一线发达城市，4=其他
	上海哪一方面对您最具有吸引力	1=城市历史，2=旅游景点，3=经济发达程度，4=文化教育，5=就业发展，6=其他
客观指标评价	市容环境	0～10
	公共基础设施	0～10
	医疗资源与服务	0～10
	市民素质与形象	0～10
	城市文化	0～10
主观认同	是否愿意常住上海	1=非常愿意，2=愿意，3=一般，4=不愿意，5=非常不愿意
	是否推荐上海给亲友	1=会，2=不会，3=不一定，4=其他

4　研究发现

4.1　“全球城市”和“经济发达”已成为“一带一路”沿线国家留学生对上海城市形象认知的共识

在关于留学生对上海城市地位的 624 个有效评价中，409 人认为上海是全球城市，占到样本总体的 65.5%；认为上海是亚洲中心城市和中国一线发达城市的分别占 19.1%和 14.9%（表 4）。20 世纪 90 年代，面对全球化对城市和区域的社会/空间的巨大冲击，以芝加哥大学社会学教授萨森为代表的学者提出构建全球城市（the global city）的概念框架，以区别于世界城市的研究范式。全球城市是一种新的都市经济体，以工商服务为核心，以金融活动集中化、全球化为特色，同时全球化也造成了城市之间的不平等与城市内部的不平等[36]。随着《上海市城市总体规划（2017—2035年）》的正式批复和公布，“卓越的全球城市”这一城市愿景已经成为政府和学界的高频热词。而评定一个城市是否为全球城市，不仅需要城市治理者运用宏观数据指标进行衡量，同时也需要城市大众的评价和感知。得益于“一带一路”倡议而来沪求学的留学生们正是上海城市形象的体验者和感知者，他们对于上海给出的“全球城市”的整体评价是上海建设全球城市目标的软性指标。

表4 “一带一路”沿线国家留学生认为“最符合上海城市发展层次的描述”

发展层次	频率/人	有效百分比/%	累积百分比/%
全球城市	409	65.5	65.5
亚洲中心城市	119	19.1	84.6
中国一线发达城市	93	14.9	99.5
其他	3	0.5	100.0
合计	624	100.0	

在上海最具吸引力方面的回答中，48.1%的留学生选择了经济发达程度，22.8%的留学生选择了更多的就业发展机会，旅游景点、文化教育氛围、城市历史三个方面所占比重分别为14.4%、11.5%、2.7%（表5）。关于留学生动机的研究显示：留学地的经济发达程度、政治宽松程度、就业发展前景、奖学金提供等要素通常是吸引留学生的主要拉力[37]。作为中国吸纳留学生最多的城市之一，上海的经济发达程度是吸引留学生的首要原因，既往研究显示，“在沪留学生普遍认为，上海的经济增长快速特别是IT业发展迅猛，并具有非常现代化的城市设施”[34]。

表5 “一带一路”沿线国家留学生认为上海最具吸引力的一面

吸引力	频率/人	有效百分比/%	累积百分比/%
城市历史	17	2.7	2.7
旅游景点	90	14.4	17.1
经济发达程度	300	48.1	65.2
文化教育氛围	72	11.5	76.7
更多的就业发展机会	142	22.8	99.5
其他	3	0.5	100.0
合计	624	100.0	

在不控制其他变量的情况下，将以上两个变量与留学生来源国地区、奖学金来源、来沪时间长短这几个变量要素进行双变量交叉分析，发现上述两种认知表现并不存在群体差异。上海作为一个全球性城市且拥有经济发达程度较高的城市形象已经成为“一带一路”沿线国家多数在沪留学生群体的共识，这一共识既是上海本身发展状况对留学生的“投射”，是城市客观现实的体现，也是处于跨国求学情境中的留学生对上海都市的整体想象和期待。

4.2 留学生对上海城市不同方面的评价差异性受到来源国地区、奖学金来源和社会网络因素的影响

具体到城市各维度形象测量，我们从上海的物质景观、公共设施服务、社会文化三方面划分出 5 个细项指标，并请留学生对各个指标进行打分（0～10 分，分数越低越不满意，分数越高越满意）。根据每个指标的打分情况来看，各个指标的得分水平基本在 7～10 分。计算各个指标打分评价的平均数，市容环境、公共基础设施、医疗资源与服务、市民素质与形象、城市文化的平均值分别为 8.19、8.91、7.71、7.87、8.66（表 6）。从得分情况大致看出，留学生对上海城市各项指标满意度较高，其中公共基础设施得分最高，医疗资源与服务、市民素质与形象的评价分数相对较低。整体看来，留学生对上海物质基础的发展水平是肯定的，这与之前留学生对上海城市发展水平和吸引力评价相一致，现代化的经济发展前景是留学生跨国求学的主要动力。但留学生对上海社会公共服务与市民文化了解相对较少，究其缘由，一方面是上海整体制度环境对于留学生的社会公共服务支持相对不足（如医疗、社会保险、就业机会等），另一方面对于留学生来说，克服语言文化障碍、实现社会融入并非易事。

表 6 “一带一路”沿线国家留学生对上海城市各项指标的评价

项目	市容环境	公共基础设施	医疗资源与服务	市民素质与形象	城市文化
N	624	624	624	624	624
均值	8.19	8.91	7.71	7.87	8.66
中值	8.00	9.00	8.00	8.00	9.00
标准差	2.224	2.075	2.561	2.190	1.980

在没有控制其他变量的情况下，我们将留学生对上述 5 个指标的打分情况分别与留学生的来源国地区、奖学金来源、来沪时间长短、社会网络、媒介途径这

几个变量进行双变量交叉检验，发现来源国地区、奖学金来源在不同具体指标上影响“一带一路”沿线国家留学生对上海城市的认知。

从来源国地区的影响作用来看（表 7），不同来源国的留学生对上海城市市容环境、公共基础设施、医疗资源与服务、市民素质与形象、城市文化等方面的评价均存在显著差异。具体而言，来自亚洲与大洋洲地区和非洲地区的留学生对上海城市各方面指标的评价较高，尤其是来自亚洲与大洋洲地区国家的留学生，由于地理位置和文化背景的接近，其对上海各项指标评分均较高；由于中非的紧密交流合作，尤其是“一带一路”倡议提出以来中非的畅通合作交流，越来越多的非洲年轻人有机会来到中国学习深造，来自非洲国家的留学生对上海各方面指标评价相对较高，但对市容环境、市民素质与形象以及城市文化评价相对低于整体平均值；来自欧洲国家的留学生对上海的公共基础设施、市民素质与形象和城市文化评分相对较高，而对市容环境和医疗资源与服务则评价较低，这可能是与欧洲国家城市的环境与高福利医疗制度对比之下的结果；而来自美洲国家的留学生对上海城市各指标的评价中，除了城市文化评价，其对其他指标均给出较低分数。综上所述，“一带一路”沿线国家留学生对上海城市指标的评价认知在一定程度上受到区域身份的影响，而区域身份背后折射出中国与世界其他国家间的政治、文化与社会的历史渊源与现实关系样貌，上海这座城市也经由留学生的“身份棱镜”折射，呈现出略显差异化的城市形象。

表 7　“一带一路”沿线国家留学生不同来源国对上海城市各指标评价的影响

区域	市容环境**	公共基础设施**	医疗资源与服务**	市民素质与形象**	城市文化**
亚洲与大洋洲地区	8.33	8.88	7.76	8.06	8.68
欧洲地区	7.99	9.52	7.57	7.98	8.80
非洲地区	8.02	9.41	7.86	7.80	8.27
美洲地区	7.78	7.65	7.46	6.56	8.68
均值	8.19	8.91	7.71	7.87	8.66

注：①问卷设计时我们根据中国一带一路网（www.yidaiyilu.com）2018 年 10 月发布的国家名单，将留学生来源国地区分为八大区域（亚洲与大洋洲地区、中亚地区、西亚地区、南亚地区、东欧地区、中欧与南欧地区、非洲地区、美洲地区），在此为了交叉检验后进行结论解释，将八大区域合并处理为四大区域

②表中的数值是不同来源国地区、受不同奖学金资助的留学生对每个指标的评价的平均值，通过这些平均值差异比较不同来源国地区对每个具体指标看法的差异。这里用的是统计学中的交叉检验。从统计学意义上看，若 $p<0.05$，可以判定不同来源国之间评价差异是显著的，用*表示；若 $p<0.01$，则评价差异更为明显，用**表示，下同

从不同奖学金来源的影响作用来看（表 8），留学生对上海城市各指标的评价均存在明显差异性。留学费用来源为自费、国际组织资助的留学生对各个指标评价均低于均值，而受到中国官方奖学金（包括中国政府奖学金、上海市政府奖学金）资助的留学生对上海城市各个指标评价较高。这在一定程度上说明，中国官方提供奖学金资助对提高留学生的上海城市评价有正向激励作用。

表 8　不同奖学金来源对上海城市各指标评价影响

奖学金来源	市容环境**	公共基础设施**	医疗资源与服务*	市民素质与形象**	城市文化**
自费	7.83	8.56	7.36	7.44	8.25
孔子学院奖学金	8.15	7.21	7.33	6.70	8.70
中国政府奖学金	8.38.	9.44	7.89	8.24	8.82
上海市政府奖学金	8.96	9.39	8.30	8.52	9.10
国际组织资助	6.50	8.75	7.25	7.38	7.88
校际交流奖学金	7.00	8.67	7.38	8.00	8.19
其他	7.58	9.00	7.42	7.71	8.88
均值	8.19	8.91	7.71	7.87	8.66

4.3　留学生常住上海和向亲友推荐上海的意愿受到奖学金来源和来沪时间长短的影响

调查结果显示（表 9），23.6%的留学生表示非常愿意在上海常住，44.6%的留学生愿意在上海常住，累计共 68.2%的留学生在沪常住意愿为正向。26.1%的留学生的居住态度为“一般”，这一部分留学生的意愿处于中立态度，对于未来生活的计划暂时没有确定，另外 5.7%的留学生则表示并不愿意在上海常住。

表 9　“一带一路”沿线国家留学生在上海常住意愿程度

常住意愿	频率/人	有效百分比/%	累积百分比/%
非常愿意	147	23.6	23.6
愿意	278	44.6	68.2
一般	163	26.1	94.3
不愿意	31	4.9	99.2
非常不愿意	5	0.8	100.0
合计	624	100.0	

在是否会向家人和朋友推荐上海这座城市这个问题中（表10），有82.7%的受访者选择"会"，13.8%的受访者选择"不一定"，2.7%的受访者选择"不会"，0.8%的受访者选择"其他"。这表明大多数"一带一路"沿线国家留学生都认可上海作为中国发达城市的价值与吸引力，并乐于向身边的人推荐上海这座城市。这也从侧面突显出了上海在"一带一路"沿线国家留学生中间强大的影响力与号召力。

表10　"一带一路"沿线国家留学生向亲友推荐上海的意愿程度

意愿	频率/人	有效百分比/%	累积百分比/%
会	516	82.7	82.7
不会	17	2.7	85.4
不一定	86	13.8	99.2
其他，请说明	5	0.8	100.0
合计	624	100.0	

同样，我们将留学生的常住意愿、向亲友推荐上海的意愿同来源国地区、来沪时间长短、奖学金来源、社会网络、媒体途径等做交叉分析，其中奖学金来源对留学生常住意愿、向亲友推荐上海的意愿皆有显著影响，来沪时间长短仅对留学生向亲友推荐上海的意愿有显著影响。

从不同奖学金来源的影响作用来看（表11），留学生的常住意愿、向亲友推荐上海的意愿均存在明显差异性。留学生常住意愿的差异性表现为：奖学金来源为自费和校际交流奖学金的留学生常住意愿相对较低，而接受孔子学院奖学金、中国政府奖学金、上海市政府奖学金、国际组织资助的留学生常住意愿较高，尤其是接受国际组织资助的留学生常住意愿高达100%。可见，自费花费成本较高或校际交流奖学金的短期学习不稳定性造成留学生常住意愿不高，而中国官方或国际组织提供较为稳定的奖学金来源对留学生的常住意愿有正向作用。留学生向亲友推荐上海的意愿差异性表现为：接受孔子学院奖学金的留学生推荐上海意愿远低于其他奖学金来源，而接受校际交流奖学金的留学生推荐上海意愿最高。

表11　奖学金来源对留学生居住意愿、推荐意愿的影响（%）

奖学金来源	常住意愿*		是否会向亲友推荐**	
	愿意	不愿意	会	不会
自费	59.4	40.6	83.3	16.7

续表

奖学金来源	常住意愿*		是否会向亲友推荐**	
	愿意	不愿意	会	不会
孔子学院奖学金	78.7	21.3	50.8	49.2
中国政府奖学金	69.3	30.7	88.4	11.6
上海市政府奖学金	75.2	24.8	86.7	13.3
国际组织资助	100	0	87.5	12.5
校际交流奖学金	57.4	42.6	90.5	9.5
其他	62.5	37.5	79.2	20.8

注：表 11 中的百分比是不同来源国、来沪时间长短、社会网络的留学生居住意愿和向亲友推荐意愿横向比重统计，通过这些百分比差异比较不同变量对留学生对上海认同度的差异性。这里用的是统计学中的交叉检验。从统计学意义上看，若 $p<0.05$，可以判定不同来源国之间评价差异是显著的，用*表示；若 $p<0.01$，则评价差异更为明显，用**表示。同时，我们对居住意愿和推荐意愿的变量值重新编码为二分变量以便更好地观察差异性并进行解释，其中居住意愿的变量值重新编码为“愿意”和“不愿意”，是否会向亲友推荐的变量值重新编码为“会”和“不会”。下表同

从来沪时间长短的影响作用来看，常住意愿不存在差异性，向亲友推荐上海的意愿存在明显差异性。留学生推荐上海的意愿呈现出随着来沪留学时间渐长向亲友推荐上海的意愿阶段性上升或下降趋势，留学生来沪时间 1.5 年以下阶段，推荐上海意愿呈波动趋势；留学生来沪时间 1.5～3 年阶段，其推荐意愿呈持续上升趋势；留学生来沪时间 3 年以上阶段，其推荐意愿呈波动下降趋势。结果呈现一方面受到样本分布影响，来沪时间 3 年以上的留学生数量较少，其意愿部分波动较大；另一方面，来沪时间 1.5 年以内的留学生学习生活等环境条件暂不确定，因而呈现波动趋势，而来沪 1.5～3 年这一时间段的留学生随着时间渐长，向亲友推荐上海的意愿是持续平稳增长的。

表 12　来沪时间对留学生推荐上海意愿的影响（%）

来沪时间	常住意愿		是否会向亲友推荐**	
	愿意	不愿意	会	不会
0.5 年以下	61.6	38.4	84.0	16.0
0.5～1 年	66.7	33.3	91.7	8.3
1～1.5 年	71.7	28.3	76.3	23.7
1.5～2 年	40.0	60.0	80.0	20.0

续表

来沪时间	常住意愿		是否会向亲友推荐**	
	愿意	不愿意	会	不会
2～2.5 年	68.5	31.5	87.6	12.4
2.5～3 年	33.3	66.7	100.0	0
3～3.5 年	76.9	23.1	88.5	11.5
3.5～4 年	60.0	40.0	100.0	0
4 年以上	80.3	19.7	80.3	19.7

5 结论与讨论

本研究通过对在沪“一带一路”沿线国家留学生对上海城市形象认知特征的调查发现，“经济发达的全球城市”形象已成为“一带一路”沿线国家留学生赴沪之初对上海的整体认知，基于强劲的经济发展优势，上海不断吸纳“一带一路”沿线国家留学生。具体到对上海城市各细项客观指标的评价，留学生的总体评价较高，对公共基础设施最为满意，相比之下对上海的城市医疗资源与服务、市民素质与形象认知不足。在主观认同层面，留学生对上海城市认同度较高，多数留学生有在上海常住的意愿并且愿意向更多亲友推荐上海。

基于既有研究启示与问卷样本描述呈现结果，本研究将留学生来源国地区、奖学金来源、社会网络、来沪时间长短等变量作为影响留学生对上海城市形象认知差异的因素，发现留学生来源国地区、奖学金来源、来沪时间长短分别在一定程度上影响他们对上海不同层次的认知特征。首先，在沪留学生的国家身份奠定了他们对上海评价的基调，来自亚洲国家和非洲国家的留学生分别因地理文化的接近性和友好合作历史对上海各细项客观指标评价较高，来自欧洲国家留学生评价次之，而来自美洲国家留学生对上海城市评价相对较低。可以说，个体对于城市形象的认知受到社会情境的影响，对于留学生来说，他们的区域身份所代表的政治文化社会背景差异性影响了他们看待上海城市的视角，也因此有了差异性的评价。其次，留学生的奖学金来源影响了他们对上海城市形象的认知评价，其表现为：受到中国官方奖学金资助的留学生评价上海城市略显正向，常住意愿和向亲友推荐上海的意愿也较高，而自费的留学生对城市各指标评价较低，常住意愿和向亲友推荐上海的意愿也较低。奖学金支持在很大程度上影响留学生在沪求学生活的满意度，因此，进一步丰富扩展对“一带一路”沿线国家留学生的奖学金资助渠道有利于提升上海城市的对外形象。

上海作为中国接收外国留学生的第二大城市［根据教育部发布的 2016 年度全国来华留学生数据统计，2016 年接收留学生排名前 5 位的省（自治区、直辖市）依次为北京、上海、江苏、浙江和天津，上海以 59 887 人位居第二］[38]，在“一带一路”倡议的教育合作中为留学生提供了来华学习工作和发展的机遇的同时，也在努力打造良好的国际城市形象。“一带一路”沿线国家留学生既是上海城市形象的感知者，也是向国际社会投射上海形象的传播者，扮演着上海与世界沟通交流的使者角色。因此，了解他们对上海城市形象的认知和建构，不仅有助于对沿线国家更好地传播上海的城市形象，而且也是向国际社会“讲好中国故事”的一条重要途径。

参考文献

[1] 教育部. 2018 年来华留学统计[EB/OL]. www.moe.gov.cn/jyb_xwfb/gzdt_gzdt/s5987/201904/t20190412_377692. html[2020-03-20].

[2] 陈静. “一带一路”沿线国家青年留学上海持续“升温”[EB/OL]. http://www.chinanews.com/m/gn/2017/10-12/8350769. shtml[2020-03-20].

[3] 臧鸣. 上海去年接收留学生超 6 万名，一半来自“一带一路”沿线国家[EB/OL]. https://finance.sina. com.cn/roll/2019-01-08/doc-ihqhqcis4239621. shtml[2020-03-20].

[4] 成朝晖. 城市形象的认知与表述[J]. 新美术, 2008, 29(6): 100-102.

[5] 陈映. 城市形象的媒体建构——概念分析与理论框架[J]. 新闻界, 2009(5): 103-104, 118.

[6] 闵学勤. 感知与意象——城市理念与形象研究[M]. 南京: 东南大学出版社, 2007.

[7] 孟建, 何伟, 张秉礼. 城市形象与软实力: 宁波市形象战略研究[M]. 上海: 复旦大学出版社, 2008.

[8] 苏永华. 城市形象传播理论与实践[M]. 杭州: 浙江大学出版社, 2013.

[9] 何国平. 城市形象传播: 框架与策略[J]. 现代传播(中国传媒大学学报), 2010(8): 13-17.

[10] 方芳, 张春河, 李国芹, 等. 基于认知心理的访问前唐山城市形象分析[J]. 经济论坛, 2010(5): 103-105.

[11] 聂远征, 邓淑文. 历史文化资源与电视传媒的城市形象建构[J]. 中国广播电视学刊, 2014(1): 27-29.

[12] 唐钧. 政府公共关系策略与实务[M]. 北京: 中国传媒大学出版社, 2008.

[13] 廖为建. 政府公共关系[M]. 北京: 中国人民大学出版社, 2010.

[14] Grosspietsch M. Perceived and projected images of Rwanda: visitor and international tour

operator perspectives[J]. Tourism Management, 2006, 27(2): 225-234.

[15] 刘欢. 中国旅游“感知形象”与“投射形象”对比研究[D]. 济南: 山东大学, 2015.

[16] 张春河, 方芳, 李国芹, 等. 基于传播视角的访问前城市感知形象测量方法[J]. 系统工程, 2010, 28(5): 89-94.

[17] 姜晓培, 戴光全. 广州乞巧文化节投射形象与感知形象比较研究——基于网络文本的分析[J]. 旅游导刊, 2018, 2(4): 52-69.

[18] 林奇. 城市意象[M]. 方益萍, 何晓军, 译. 北京: 华夏出版社, 2011.

[19] Richards G, Wilson J. The impact of cultural events on city image: Rotterdam, cultural capital of Europe 2001[J]. Urban Studies, 2004, 41(10): 1931-1951.

[20] Jansson A. The negotiated city image: Symbolic reproduction and change through urban consumption[J]. Urban Studies, 2003, 40(3): 463-479.

[21] Southworth M. Shaping the city image[J]. Journal of Planning Education and Research, 1985, 5(1): 52-59.

[22] Short J R, Benton L M, Luce W B. Reconstructing the image of an industrial city[J]. Annals of the Association of American Geographers, 1993, 83(2): 207-224.

[23] Faludi A, van der Valk A J. Rule and Order: Dutch Planning Doctrine in the Twentieth Century[M]. Dordrecht: Kluwer Academic Publishers, 1994.

[24] Ledrut R. Sociologie Urbaine[M]. Paris: Presses Universitaires de France, 1968.

[25] Lefebvre H. The Production of Space[M]. Oxford: Blackwell, 1991.

[26] 杨俊. 基于城市意象理论的南京主城核心区意象空间认知研究[J]. 艺术与设计(理论), 2017, 2(2): 64-66.

[27] 王垚, 王凯, 寇鑫, 等. 基于城市意象理论的历史街区风貌规划研究——以西安北院门历史文化街区为例[J]. 西部人居环境学刊, 2014(1): 39-45.

[28] 陈淳, 肖玲. 基于城市意象理论的广州大学城形象优化研究[J]. 华南师范大学学报(自然科学版), 2008(1): 129-135.

[29] 张鸿雁. 城市形象与城市文化资本论——从经营城市、行销城市到“城市文化资本”运作[J]. 南京社会科学, 2002(12): 24-31.

[30] 张鸿雁. 城市形象与城市文化资本论: 中外城市形象比较的社会学研究[M]. 南京: 东南大学出版社, 2004.

[31] 张鸿雁. 城市文化资本论[M]. 南京: 东南大学出版社, 2010.

[32] 上海市教育委员会. 2017 上海教育年鉴[M]. 上海: 上海人民出版社, 2018.

[33] 赵士林. 外国留学生的上海形象的影响因素研究[J]. 新闻大学, 2012(1): 94-98.

[34] 叶淑兰. 镜像中国: 上海外国留学生的中国形象认知[J]. 社会科学, 2013(9): 14-26.

[35] 姚君喜. 外籍留学生对中国人形象认知的实证研究[J]. 当代传播, 2015(4): 64-66.

[36] Sassen S. The Global City[M]. New York: Princeton University Press, 2001.

[37] 李秀珍. 外国留学生来华留学动力分析——基于韩国留学生的实例分析. 江苏师范大学学报(哲学社会科学版), 2017, 43(2): 10-16.

[38] 教育部. 2016 年度我国来华留学生情况统计[EB/OL]. http://www.moe.gov.cn/jyb_xwfb/xw_fbh/moe_2069/xwfbh_2017n/xwfb_170301/170301_sjtj/201703/t20170301_297677. html [2020-03-20].

Cognitive Characteristics and Influencing Factors of Shanghai's Urban Image of International Students from "the Belt and Road" Countries: A Survey from Universities in Shanghai

Zhao Yeqin[1] Zhang Rongjin[2]

(1. Institute of Belt and Road & Global Development, The Center for Modern Chinese City Studies, School of Social Development, East China Normal University, Shanghai 200062, China; 2. School of Social Development, East China Normal University, Shanghai 200062, China)

Abstract Based on the theory of urban image and urban cultural capital, this paper studies how international students cognize the urban image of Shanghai and which factors may influence the cognitive characteristic by conducting questionnaires among international students from "the Belt and Road" countries in ten universities of Shanghai. We found that international students from "the Belt and Road" countries recognize the economic and job prospects of Shanghai, thinking highly of material infrastructure of Shanghai, while having insufficient cognition of social public services and civic culture. The international students are willing to live in Shanghai and to recommend Shanghai to their friends. Such factors as the original country, the type of scholarship and the duration in Shanghai affect students' cognitive evaluation of Shanghai's urban image in varying degrees.

Keywords urban image; cognition; "the Belt and Road"; international students

从社区组织到“社区化”组织：当前城市社区治理的新路径和新方法

吴　同　陈蓓丽

摘　要　社区发展是社会全面进步的标志，新的治理改革要求充分发挥政府、市场和社会的各自优势，但是在现实层面政府权力对社区的过度干预、社区自身发育不足及社会组织的弱社区化导致社区自治水平低下。现有框架难以有效解决社区角色困境问题，而社区型社会企业[①]可以有效实现政府、市场与社会三种力量的有机结合，成为破解困境的新路径。社区型社会企业可以将社区利益与组织服务有效连接，既可以得到政府的购买又可以获得市场的承认，为地方的复兴和发展注入了新的活力。同时，由于社会企业作为新生事物，它的健康发展也需要得到政策的鼓励和政府的重视及支持，从而促进其可持续发展。

关键词　角色困境；复合治理；社会企业

当前，如何提高新形势下社会管理和社区治理的科学化水平，是关系到我国社会主义事业发展全局的一个重大战略性命题。十八届三中全会以后中央释放出非常重要的信号，那就是改革和转变政府职能的决心，其目标和方向就是实现“小政府大社会”，表现在社区治理领域就是要积极推进社区自治，提升社区参与度。之后十九大报告提出：“打造共建共治共享的社会治理格局。加强社区治理体系建设……推动社会治理重心向基层下移，发挥社会组织作用，实现

作者简介：吴同，1980 年生，华东师范大学社会发展学院社会工作系副主任，博士、副教授，研究方向为社区治理、社会组织。陈蓓丽，1979 年生，华东理工大学社会与公共管理学院副教授，博士，研究方向为社会组织、社会工作实务。

基金项目：2018 年度上海市哲学社会科学一般课题“新时代上海市群团组织参与社会矛盾纠纷化解机制研究”（2018BSH001）；2019 年度教育部人文社会科学研究青年基金项目“中国基层柔性治理与社会工作的专业回应研究”（19YJC840043）。

① 社区型社会企业即本文标题中的“社区化”组织。

政府治理和社会调节、居民自治良性互动。”

近年来，全国各地都在结合自身实际情况积极探索对社会治理（建立健全社会组织和公众充分参与治理的制度和社会环境）这一难题的破解之道，并在这一过程中积累了极为丰富的经验。不管是上海、广东、北京等地推行的“居站分设”还是各地轰轰烈烈的社会组织建设，都存在一个普遍的问题，即社区居民的主体性没有得到应有的重视。前者表现为社区组织过度行政化，而后者表现为社会组织游离于社区之外的弱社区化，组织之间也缺乏有效的统筹和合作，造成资源的浪费和重复性投入，因此我们应当反思目前社区自治中存在的问题，破解社区组织在社区治理中过度组织化和社区生活中弱组织化的瓶颈[1]，改变市场和社会力量薄弱的局面，围绕社区居民的参与、合作、决策和自治进行社区组织的体制创新和制度创新[2]，优化社区治理结构，充分发挥政府、市场、社会三大部门各种组织的优势，使它们形成合力，共同管理社会和社区公共事务。

1 目前社区治理中的角色困境

社区是居民进行自我管理、自我服务的生活共同体，其核心理念是自治和参与。尽管我国大规模推进社区建设已有将近二十年历史，但社区自治水平低下和社区参与程度不足仍然是制约我国社区发展水平的关键性因素，其主要表现为政府、市场与社会与各自角色的偏离，难以形成有效的行动框架。

1.1 社区行政化危机

从 20 世纪 90 年代以来，“社区制”逐步取代“单位制”成为社会管理服务的主要机制，社区居委会成为社区最核心的组织机构，甚至可以说是一个社区的中枢和象征。上海和全国其他地方的基层社区都面临着一系列同样的境遇——在法律上被定位为基层自治组织的居委会，在实践中却遭遇了“行政化困境”。

所谓“行政化困境”，是指社区居委会作为居民自治组织，本来应该是居民的“头”，但实际上却需要承担街道下派的大量行政事务，成为街道的“腿”，导致其不堪重负、功能错位[3,4]。按照《中华人民共和国城市居民委员会组织法》的规定，“居民委员会是居民自我管理、自我教育、自我服务的基层群众性自治组织”。在政府下发的各种关于社区建设的文件中，这一点都得到确认。也就是说居委会应该属于第三部门，其功能是引领社区居民开展社区自治，而不负有行政管理的职能。但实际上，随着社会重心的下移，政府各个部门的工作都下沉到社区，由居委会来承载，使其实际上成为街道下的一级行政机构，承担着大量繁重的行政性管理工作。从三大部门的关系来看，居委会行政化问题实际上是三大部门关系严重错位，本应由第一部门所履行的职责被强加到居委会头上，作为第二部门的市场基本缺位，作为第三部门的社会组织严重萎缩。结果，居委会不堪重负，不仅社区自治很难推行，社区管理和服务的效率也非常低下，严重阻碍了社区的发展。

为了破解居委会的行政化困境，全国各地都开展了各具特色的实践探索，其中一个比较通行的方法就是在社区建立“社区工作站”（有地方称“社区事务工作站”或“社区公共服务工作站”），设立的初衷是聘用职业化社区工作者履行下沉到社区的行政事务，而让居委会腾出手脚履行自己的自治职责。然而在实际运作中，“居行分设、相互配合、各司其职”的设想并没有得到真正落实，原因在于当居委会的行政事务管理职能被剥离之后，居委会的自治工作并没有得到制度确认和保障，反而使得居委会在社区管理体制中的社会合法性迅速下降，从而被街道边缘化。在遭遇行政边缘化之后，社区管理面对的一个很现实的问题就是居委会干部这一宝贵资源的过度利用问题，因此一些大城市就在社区设立社区工作站，增加额外的工作人员，居委会再次走上行政化的道路，同时又提升了街道人力资源管理的灵活性。社区工作者数量的增加并不意味着居委会有更多的时间和精力贴近居民，相反随着城市管理的要求不断加码（如“五违四必环境综合整治”“垃圾分类”等工作提出），居委会仍须应付大量行政性事务，而无力满足来自社区的内在需求。在缺乏社会自我运作的前提下，叠加的基层管理工作非但不能提升社区的自组织能力，相反居委会在执行过程中不得不触及社区居民利益，从而面临与社区居民之间关系撕裂的风险。

1.2 社会组织弱社区化危机

根据现行社团管理条例，社会组织的登记有较高准入门槛，不仅需要在相应层级的民政部门登记，而且需要寻获一定级别的业务主管单位支持其活动。但在城市基层社区，随着近年来社会建设的不断推进，基层管理部门实际上都在很大程度上变通了烦琐的登记注册条例。在笔者所调查的多个街镇，基层管理部门都放低了社会组织的准入门槛。例如，浦东、闸北等区在不违背《社会团体登记管理条例》和《民办非企业单位登记管理暂行条例》基本原则的前提下，基层的街道、镇政府往往放宽社区社会组织准入条件，简化登记程序，如降低会员数量、注册资金标准等。不过较低的准入门槛并不意味着所有登记、备案的社会组织都能同等获得公共资源。在基层的实践中，社区中的各种公共场所资源（如社区文化活动中心的场地）、活动经费乃至办公资源（如有些街道专门成立的社会组织服务中心提供的办公设施），大多有所区别地向不同类型的社区民间组织开放。一般来说，能够为管理部门提供公共物品的社会组织或能代表社区参加各类文娱竞赛的群众团队，更容易获得公共资源的支持，而那些单纯以满足社区居民需求为宗旨的社会组织获得的资源则相对有限，这就使得这一部分组织为了获得更多的资源而选择前一种更有利的做法。

最近几年开始，许多城市的社区管理部门都开始引入项目化机制，即把公共服务打包成一系列的项目，项目发包方规定其预期成效和成本费用，并把项目发包给相应专业组织来承担。随着创新社会管理格局的呼声日强，社区中的各类社会组织作为“社会协同”的重要组织载体，逐渐成为承接各类社区公益项目的主体。笔者调查的几个街道、镇虽然在公共财力上有较大差别，但都无一例外地每年设立专门化项目资助社会组织服务社区。例如，闸北区临汾街道从 2010 年以来，几乎每年推出 10～20 个项目用于购买社会组织公益服务，且规模不断扩大；浦东新区塘桥街道在 2010～2012 年就设计了 97 个公益项目，其中大部分用于购买社会组织服务。从这个意义上来说，项目化不仅成为基层政府提供公共服务的一种新形式，也成为社区社会组织获得资助的重要来源。

随着项目化的日趋普遍，基层政府管理社会组织的路径和方式也发生了重要变化。已有研究在论述社会组织管理瓶颈时，曾指出国家现有的社会组织管理制度基本上是“入口管理”，即只在社会组织登记、年检时进行资质鉴定，但对于社会组织的实际运行过程则缺乏管理的切入口。但在项目化的背景下，这种情况有了很大的变化——由于项目化本身需要对项目的目标、运作过程、成本核算以及考核方式都做出约定，因此基层政府的相关部门作为项目发包方，便可以恰当的方式对接受项目委托的社会组织进行基于项目运作的过程管理。在此过程中，社会组织的资金利用、活动组织乃至人员配置情况，都进入制度管理的“可视”状态。

在这个过程中，社会组织表现出较为明显的弱社区化，一方面由于缺乏市场和社会资源对社会组织的资源供给，在实践中社会组织为了建立起与政府之间的紧密联系，其行为取向、运作方式越来越多地受到行政化的引导，自主性的发展困难重重；另一方面由于社区社会组织的外部资源与合法性缺乏制度性的保护和支持，组织不得不为了迎合资源（政治、经济、行政）的供给方而忽视公共的利益，造成组织与社区居民的利益以及社区自治的弱相关性[5]。

2 从行政化到合作共治：构建社区复合治理的总体框架

十八大以来，中央提出了社会治理的改革目标，由此带动了新一轮创新社区治理的热潮。本轮改革与前几轮不同，更加强调多元主体的合作与共治，充分发挥政府、市场、社会三大部门各种组织的优势，使它们形成合力，共同管理社会和社区公共事务。我国过去社会管理和社区治理体制的一个根本性缺陷就是政府一家独大，市场和社会的力量极为薄弱，甚至缺席，这导致社会管理和社区治理的过度行政化。就社会管理来说，过度行政化使得社会资源配置模式过于单一，导致整个社会的僵化和低效化，而且在社会冲突中把自身置于矛盾的焦点地位。就社区治理来说，过度行政化，不仅影响了社区资源的配置效率，而且与居委会自治组织的法律定位背道而驰[4]。

这方面最为典型的例子是近年来开展的社会企业的实践。对于正在从事或者探索社会企业的创业者来说，一方面越来越多的人希望通过商业手段解决社会问题，提升自我社会价值；另一方面越来越多的组织也试图摆脱对传统捐款的依赖，谋求可持续的财务来源[6]。这有以下几方面的原因。首先，市场有很多缺陷解决不了社会问题，因为市场是追求利润的。其次，政府存在效率的问题，资源有限性以及分配公平性问题也有其很大的不足。最后，社会组织尽管具有公益的目的，但是规模小、影响力有限，缺乏自我造血的功能——需要不断来自外界的资源输入，可持续发展是很大的问题。虽然政府、市场和社会组织都不能很好地解决社会问题，但是它们都具备其他主体不具备的优势。政府最大的优势来自公信力，市场的优势是效率，而社会组织的优势是公益，如果三者能够有效结合，并将结合体放在社区治理的平台上就能够找到新的方法解决社区治理的困境。

当然，社会企业是近几年兴起的新型跨部门组织，由于在国内还是新兴事物，对其定义仍然比较模糊，台湾学者官有垣认为社会企业基本上是指“一个私人性质非以营利为目的之组织，致力于提供社会财富（social goods）”[7]。王名等认为，“社会企业具有非营利性、非政府性和志愿公益性”[8]。社会企业的举办主体既可以是企业也可以是社会组织，既可以单纯以社会公益为目标也可以公益与利润共举，既可以对利润没有限制地进行分红，也可以限制分红的比例，甚至于不能分红，但是归根结底，社会企业不是以商业利润为目的的，它是以企业活动组织方式来更有效地达成社会公益。社会企业比一般的非政府组织和政府组织更有效的原因在于：一方面它的企业运作方式和管理方式让社会企业更加注重目标的达成、资源的有效利用以及满意度的回馈；另一方面由于社会企业采用了企业运营的方式，全部或部分地解决了组织的资源外部性问题，可以更加专注于组织的公益目标，关注服务需求方的诉求而不必过多考虑其他的因素。当然，相比较一般的非政府组织，社会企业与政府打交道的能力也会更强，这是因为社会企业不依赖于政府的资源供给，因此它与政府在服务供给上是平等的合作关系，双方相互依赖，社会企业需要政府开放社区服务的行政许可。另外，社会企业在面对服务对象时也比政府和一般的非政府组织更有准备。综合来看，社会企业正是适应目前复杂社会情境的复合型组织解决方案，兼具社会组织的公益性与企业的效率，既能面对市场需要又能承接政府社会服务购买的需要，既能提供产品又能解决社会问题。

因此，尽管社会企业在中国还仅仅是新兴的事物，但是它已经焕发出无比的生命力，我们认为在下一步社区治理改革中，社会企业可以很好地扮演推动居委会去行政化以及社区组织弱化的角色，扎根社区、吸引居民的参与，实现社区的自治。

3 从社区组织到社区化组织：以社区社会企业作为复合治理的第三条道路

越来越多的人认识到，过去的几十年由于在“行政主导型”的社区发展模式中行政力量的过度渗透，居委会已经被改造成为行政化组织，尽管上海等地进行了“居站分设”的创新，但是大量的经验研究发现，大部分社区居民的参与性丧失，对于社区事务漠不关心，即使是进行组织结构框架上的改变，在实际的运作中也是“换汤不换药”的。因此，更多的人将社区组织的介入作为社区自治可能的想象。不过，现实的问题是，由于社会组织自身缺乏资源，而国家制度上又不支持它们从社会和市场上汲取资源，因此组织的生存仰赖于政府的配给，这就影响了这些社会组织的目标、理念和行动。这样的话，社会组织就难以实现在地化，也可以说是社区化，即组成某个社会组织的人员主要是来自本地的，社会组织所提供的服务也是面向本地的居民，最关键的是监督和支持社会组织的社会大众也会是本地的。社会组织能够得到本地稳定的支持，它就可以安家落户，过安稳日子，而不是到处做项目。只有如此，社会组织才能成为社区密不可分、血肉相连的一部分，与各种其他组织和力量互相合作，为社区改善发挥创新能力和建设功能，才能对影响社区的各种事务有发言权和影响力。就如植物需要在一方土壤中扎根，才能茁壮成长，一个组织也需要与它所在的社会环境融合，才能有责任感，才能稳定发展。否则，其就是一个易变的、无根的个体。

目前，社会企业进入社区成为促进社区建设、改善甚至改变社区中社会管理过度组织化、社区生活弱组织化困境的有效途径。我们认为将社会企业带到社区，实现社区自治与善治，社会企业可以而且应当在未来成为主要的力量。

社会企业可能涉及弱势群体就业、儿童照护、环保发展等领域，这与社区多有重合，二者具有天然的近亲关系。社会企业针对区域的服务，纳入商业经营的模式，即形成所谓社区型社会企业。社区型社会企业除了具备一般社会企业的特征之外，它还有两个很鲜明的特点：一是处在社区，社区型社会企业起源于社区，它的成长和发展依赖于社区；二是为了社区，社区型社会企业本着对社区负责的态度承担社区责任，把建设社区、发展社区作为首要目标[9]。社区型社会企业在解决社会问题的同时，还可以聚焦社区民众，促使他们能够在经济条件方面获得改善以及提升他们对于社区的归属感与认同感[10]。发展社区型社会企业，对于提高社区居民就业率，尤其是改善社区低学历者、低技能者、下岗者、无业者、残疾者等弱势群体的民生，意义更为重大。

社会企业作为第三种社区治理力量正在发挥着积极的作用。这表现在：目前，社会企业比较密集的领域，如残疾人就业、养老服务、弱势群体的职业培训、贫困人群的扶助，既与大部分社会组织的服务领域高度契合（这些也是政府民政系统提供的服务的主要内容），也是社会关注的重要内容。如果社会企业可以找到与社区需求密切相关的商业模式，其将比一般社会组织更具优势。

从中国的经验来看，尽管政府在大力倡导购买服务，但是社会组织对购买服务消息的公开性、评审的公平性以及可持续性都存有很大的质疑。如果社会企业能够更多地涌现出来，那就可以促进社会良性运行和社会组织转型，增强经济运行的活力并提供更多的社会创业机会，还可以促进政府职能转变以及社会治理的重大创新。社区型社会企业的最终目标是回报社区，它通过创新的方式，推动社区居民就业、提高社区服务水平、承担社区环保责任，促进社区发展的同时获得更多的生存机会，取得更广阔的发展空间，以实现两者的共赢。

4 合作共治框架下社会企业参与社区治理的可能性探讨

现今以及未来的时间里，民生服务、养老、扶贫、助残、环保以及绿色生态将会是发展最为迅速、全民参与度及热情最高的领域，同时也会是政府最感兴趣以及将会给以最多支持的事业。这些民生以及扶助弱势群体的服务最主要的对象也是生活在社区之中，从社区工作的社区照顾理论来解释，绝大多数需要照顾的弱势群体需要在社区内得到专业的或者亲友的照顾，因此从服务的地域性来说，社会企业未来主要的工作地点是在社区，同时社区治理的完善和困境的破局也需要社会企业发挥重要作用。

4.1 社会企业在社会治理中的角色和功能

目前，国内对于社会企业的讨论主要还是集中在社会企业的内涵外延、服务的领域、发展的机会这些方面，但是社会企业一旦能够找准在社区中的盈利模式，挣脱行政化和弱社区化的枷锁，会更加专注于社区中对居民的服务，以居民的需求为导向。社会企业的发展来自本地居民的支持和评价，因此社会企业的服务会非常重视居民的感受和满意度，一方面会更加专注于服务质量的提高，另一方面也会吸引居民更多地参与和投入，这样就会给社区居民社区参与困境打开一扇窗户。过去，社区居民对社区事务漠不关心，社区参与度低，很重要的原因是社区利益外部化，他们在本社区没有利益归属，自然也就没有热情参与到社区活动中来，那社区治理的第一步都无法实现就更谈不上更高层次的目标了。这样的话，社会企业通过提高服务质量吸引居民的同时，也将他们个人、家庭与社区的联系逐步建立起来。其中，社会企业扮演着引导者、鼓动者的角色。

在这方面，台湾近些年与社区营造相结合的各类社区型社会企业为地方的复兴和发展注入了新的活力。例如，台湾有一家名叫“甘乐文创”的社会企业，其创始人在返乡后看到自己家乡因城市开发正在快速衰败，当地的文化也在迅速消逝。基于此，他创办了这家社会企业，通过文化创意改造当地百年古厝和闲置空间，在当地老街经营起富有时尚气息的“甘乐食堂”、豆制品工艺所、匠人工作坊，让当地居民和游客从食、游、习、创、爱五个方面重新认识当地，带动城乡发展。同时，其还投入资源建立弱势儿童关怀系统。在上海，社区型社会企业也在慢慢兴起，如一家名叫“全职妈妈半日工作计划”的组织正在上海各个社区落地生根，这是一家由爱心妈妈组成的非营利机构，通过与地方政府或者商业机构在场地上合作，帮助所在社区的全职妈妈，为她们提供科学的早教课程培训，让她们既可以照顾家庭，又可以为社区中低幼儿童提供价格低廉的早教培训，促进社区与家庭的融合。

在中国其他地区，尽管社区型社会企业的发展还在起步阶段，但是围绕着“困顿”社区而进行的尝试正在不断探索中。社会企业可以最大限度地增进公共利益，理顺社区党组织、居委会、行政组织之间的关系，实现“把自治的部分还给自治组织”和“把行政的部分还给行政组织”，以及促进社区内各主体协调合作，建立各尽所能的社区复合治理体系，让它们共同提供社区公共服务、优化社区秩序。

4.2 政府需要为社会企业的发展做什么

2012 年财政部投入 2 亿元购买社会组织服务，并与民政部共同出台《民政部 财政部关于政府购买社会工作服务的指导意见》，意见明确指出，“政府购买社会工作服务，是政府利用财政资金，采取市场化、契约化方式，面向具有专业资质的社会组织和企事业单位购买社会工作服务的一项重要制度安排。”重点支持领域包括：城市流动人口、农村留守人员、困难群体、特殊人群和受灾群众。一些经济发达省市，如广东、浙江、上海、北京等地地方民政系统也出台了关于政府购买服务的细则并开展了实践。政府的支持，特别是购买服务的资金支持，会在未来催生大批服务于这些领域的社会企业。这些领域可以成为社区性社会企业未来主要的发展领域。

政府在积极推进和完善基层社会管理及服务体系建设的过程中，要将包括社会企业在内的社会组织当作公共服务的供给主体来看待，综合运用项目购买、项目补贴、项目奖励等多种财政支持形式，促进各类公益性社区社会组织通过有序竞争来承接政府公共服务购买合同。政府购买公共服务的形式，一方面能够使得社区社会组织获得满足其生存和发展所必需的财政资源，并激励它们提升服务能力和服务质量；另一方面能够减轻基层政府在公共服务提供方面的人力投入压力，形成社区居民、公共机构、社区社会组织“三赢”局面。在这个过程中，政府的主要职责是建立并完善购买服务制度，规范购买服务的项目范围、工作程序、操作方式及质量标准等，并在财政扶持引导社区社会组织发展的同时，积极争取企业资本、民间资本的支持和投入，拓展多元化投入培育渠道。

综上所述，社会企业作为一种新型的社会组织形式，融合了商业组织的效率、效益、目标、营销、创新，也融合了社会组织的公益、公平，提供了一种创造物质财富与协调社会关系、促进社会进步的新的发展模式。同时，可以预见的是社会企业在服务社会、克服社区治理中的瓶颈、促进社区关系、加强社区参与和实现社区自治中都将会起到很大的作用。

参考文献

[1] 曾望军. 论我国社区自组织的自治困境及其成因[J]. 理论与改革, 2007(3): 87-90.

[2] 郑杭生, 黄家亮. 当前我国社会管理和社区治理的新趋势[J]. 甘肃社会科学, 2012(6): 55-55.

[3] 向德平. 社区组织行政化: 表现、原因及对策分析[J]. 学海, 2006(3): 24-30.

[4] 郑杭生, 黄家亮. 论我国社区治理的双重困境与创新之维——基于北京市社区管理体制改革实践的分析[J]. 东岳论丛, 2012, 33(1): 23-29.

[5] 张东苏. 重视社会组织发展的微观制度环境——以上海城市社区为例[J]. 探索与争鸣, 2012, 1(7): 78-80.

[6] 上海财经大学社会企业研究中心，北京大学公民社会研究中心，21 世纪社会创新研究中心，等. 中国社会企业与社会影响力投资发展报告[EB/OL]. http://www.cfc-c.org/view-23.html [2019-07-20].

[7] 官有垣. 社会企业组织在台湾地区的发展[J]. 中国非营利评论, 2007(1): 146-181.

[8] 王名, 朱晓红. 社会企业论纲[J]. 中国非营利评论, 2010(2): 1-31.

[9] 李伟梁, 刘艳. 社区社会企业的责任承担及培育发展[J]. 社会工作, 2011(10): 34-37.

[10] 王仕图, 官有垣, 陈锦棠. 台湾社区型社会企业之资源连接与社会影响: 兼论其可持续性发展[J]. 社会建设, 2015(3): 79-87.

From Community Organization to “Community-Based” Organization: New Approaches and Methods of Urban Community Governance

Wu Tong[1] Chen Beili[2]

(1. School of Social Development, East China Normal University, Shanghai 200062, China; 2. School of Social and Public Administration, East China University of Science and Technology, Shanghai 200237, China)

Abstract Community development is the symbol of overall social progress. The new governance reform calls for giving full play to the respective advantages of the government, market and society. However, in reality, excessive interference of government power in the community, insufficient development of the community itself and the weakening of social organizations lead to the low level of community autonomy. It is difficult for the existing framework to effectively solve the dilemma of community. Community-based social enterprises can effectively realize the organic combination of government, market and society, and become the new way to solve the dilemma. It can effectively link community interests with organizational services, which can be purchased by the government and recognized by the market, and which injects new vitality into the local revival and development. At the same time, as a new type of organization, the healthy development of social enterprises also needs to be encouraged by policies and supported by the government, so as to promote their sustainable development.

Keywords role dilemma; compound governance; social enterprise

文化产业和旅游产业融合的机制研究

——基于扎根理论的质性分析

丁 娟　张辰辰　江期文

摘 要 文化和旅游一直以来是相生相伴、相互交融的，文化产业和旅游产业融合是文化和旅游融合研究的核心内容之一。本研究借助NVIVO工具，用扎根理论对以“文化产业和旅游产业融合”为主题搜索的83篇中文社会科学引文索引（Chinese Social Sciences Citation Index，CSSCI）文章进行逐字逐句编码，以113个观点进行开放式编码，得到11个概念，并进一步进行主轴性编码，得到4个主范畴内容，最后以“文化产业和旅游产业融合机制”为核心故事线进行选择性编码。研究发现：①两个产业高度的关联性、合作共赢和市场需求等拉力与技术转型、多变性的市场供给和外部环境等推力共同驱动文化和旅游产业的融合；②文化产业和旅游产业的融合过程是由整合资源、联动资金、创新产品和共享市场的融“点”及产业集聚、区域集聚的聚“面”共同构成的；③文化产业和旅游产业融合需要以上层建筑、规划建设等体制机制融合为基础，人才建设和市场建设等政策制度为支撑，内部行业组织为保障。

关键词 文化产业；旅游产业；融合；机制；扎根理论

1 引言

据预测，文化休闲、娱乐活动、旅游业将成为继移动互联网之后的下一个经济

作者简介：丁娟，1979年生，女，安徽大学商学院副教授，博士，研究方向为文化旅游、旅游信息化研究。张辰辰，1995年生，女，安徽大学商学院硕士研究生，研究方向为文化旅游研究。江期文，1995年生，男，安徽大学商学院硕士研究生，研究方向为旅游目的地研究。

基金项目：安徽省哲学社会科学规划青年项目（AHSKQ2017D13）。

大潮，并席卷世界各地。党的十九大以来，文化和旅游不再仅是精神层面的“诗和远方”，上层建筑层面成立了文化和旅游部，为“文旅一家”添砖加瓦。目前，全国文化和旅游系统坚持以习近平新时代中国特色社会主义思想为指引，全面贯彻落实党的十九大和十九届二中、三中全会精神，坚持以人民为中心的工作导向，大力推动文化产业和旅游业融合发展，中国文旅强化发展的时代已然到来。但是，文化产业和旅游产业到底该如何系统融合仍是学界和社会重点关注的问题。因此，有必要加强关于文化产业和旅游产业融合机制的针对性研究，从理论上理清文化产业和旅游产业融合研究的脉络和框架，为其融合机制的相关研究奠定理论基础。

产业融合源于西方国家，兴起于 20 世纪 70 年代，其发展主要和信息技术密不可分。关于产业融合的理论研究相伴出现，产业融合的概念、融合机理及融合模式等研究相继出现[1-3]，国外关于产业融合的学术研究日益成熟。国内产业融合研究起步晚于国外，以研究产业融合的具体形态为始，致力于探索金融与其他产业的融合模式[4,5]，紧接着我国产业融合研究逐渐受到关注，众多学者从产业的纵向延伸和地域的横向拓展等角度探究产业融合理论。随着我国旅游产业和文化产业不断发展，产业相互渗透日益加剧，关于两者的产业融合理论也不断丰富。从最初探究产业融合下的文化产业竞争力[6]、农业和旅游[7]等，到如今文化产业和旅游产业融合的研究层出不穷。其中关于文化产业和旅游产业融合的研究中，相对成熟的理论是关于两者融合程度的定量测度研究：福建省、河南省和安徽省等小尺度省域的耦合关系[8-10]，长三角地区、西南地区等中尺度地区的融合态势[11,12]，以及全国 31 个省（自治区、直辖市）等大尺度区域的耦合协调度[13,14]；目前，文化产业和旅游产业融合的质性研究主要集中在微观视角：多样文化和旅游的资源融合[15,16]、乡村旅游与文化创意产业融合[17]、旅游与非物质文化遗产融合[18]等业态融合。

综上所述，我国学者已经对文化产业和旅游产业的融合展开了定量和质性研究，且定量研究在区域以及方法上不断创新；同时，从资源、业态等方面质性探究产业融合理论，但质性研究缺乏方法性探究及系统性理论探索。本研究借助 NVIVO 工具，以扎根理论为方法对文化产业和旅游产业融合研究的文献进行系统性编码，并论述和分析文化产业和旅游产业融合的动力机制、融合机制及保障机制，致力于为文化产业和旅游产业融合提供相关理论基础。

2 研究设计

2.1 研究方法

扎根理论（grounded theory）是社会学家 B. Glaser 和 A. Strauss 创造的独特质性研究方法，目前被广泛应用到社会领域各方面定性研究中[19]。扎根理论是一种自下而上的研究方法，这与文中探究文化产业和旅游产业的融合机制不谋而合，因为目前文化产业和旅游产业的融合研究尚未构建成熟的理论框架，需要从原始的文献研究中去探寻其内在的逻辑关系。本研究以微观的文献资料为原始数据，对这些文章进行逐字逐句编码，提取以文化产业和旅游产业融合为关键词的“why”、“what”和“how”相关观点，并依次对众多观点进行开放式编码、主轴性编码和选择性编码[20]，最终建立文化产业和旅游产业融合机制的理论框架。由于文献篇幅长、数量较多，本研究借助 NVIVO 分析工具进行编码处理，此过程中严格按照扎根理论的研究步骤进行逐级编码。

2.2 研究对象

2.2.1 对象代表性

本研究通过梳理国内关于文化产业和旅游产业融合的文献资料，探究其融合机制。选用“中国知网”为数据库，以“文化产业和旅游”并“融合”或“文化和旅游产业”并“融合”或“文化产业和旅游产业”并“融合”为主题进行期刊源搜索，因 2007 年之前的文献研究和主题差距较大，故进行数据手动处理，最终得到 697 篇文献。但由于期刊数量众多，以及为确保研究的高质量的需求，对数据进行二次筛选，输出 83 篇 CSSCI 文献。由图 1 可得，文化产业和旅游产业融合的研究在 2007～2018 年呈稳定增长态势，而最终选取的样本在这 12 年以相对稳定的数量出刊，说明针对文化产业和旅游产业融合的高质量研究是相对稳定的，样本的选取具有合理性。

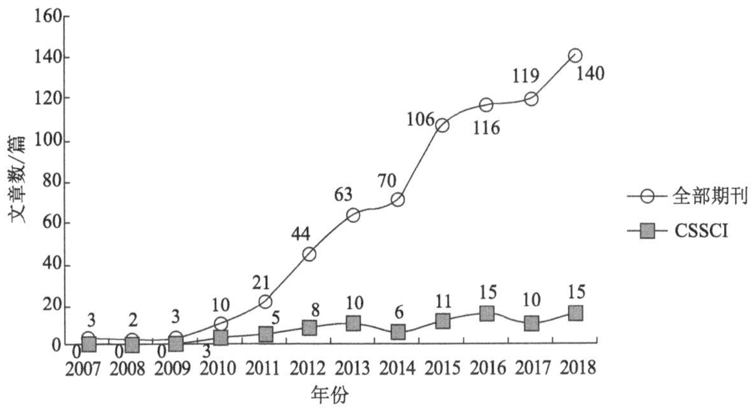

图 1　2007～2018 年与“文化产业和旅游产业融合”主题相关的发文量

2.2.2　样本信效度

为了保证科学性和严谨性，对样本的信效度进行进一步检验。将 697 篇文献进行被引量排序，其中原始文献中的前十名有 8 个样本量（表 1），一定程度上说明了样本在原始数据的选择上具有权威性与较高可信度。

表 1　样本文献中被引量和下载量排名前十的文章

原始文献	被引量/次	下载量/次	被引量排序
《旅游产业与文化产业融合发展研究》（张海燕、王忠云）	301	7693	1
《安徽省旅游产业与文化产业融合发展研究》（程晓丽、祝亚雯）	155	6316	2
《新常态下乡村旅游与文化创意产业融合发展研究》（赵华、于静）	127	7533	3
《中国旅游与文化产业融合发展的耦合协调度及空间相关分析》（翁钢民、李凌雁）	106	5881	4
《产业融合视角下的影视旅游发展研究》（吴金梅、宋子千）	96	5893	5
《旅游产业与文化产业融合运作模式研究》（张海燕、王忠云）	84	4427	7
《再论文化旅游产业的特征、作用及发展对策》（邵金萍）	81	2467	8
《旅游产业与文化产业融合发展的思考》（徐仁立）	76	3070	9

为进一步测度样本数据的有效度，对 83 篇样本文献进行内容主题相关性检验。对样本数据进行关键词共现网络分析（图 2），得到以“产业融合发展”为中心点的可视化图，表明样本数据仍以“文化产业和旅游产业融合”为核心主题。同时，此次关键词的可视化分析也为下文分析提供一定的节点编码依据，如“文化旅游产品”、“产业关联”和“旅游资源”等。

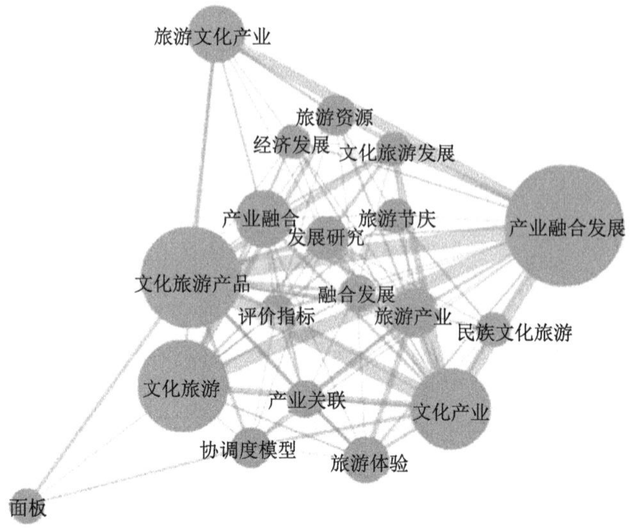

图 2　样本文献的关键词可视化图

3　编码过程

3.1　开放式编码

对 83 篇样本文献进行逐字逐句编码，筛选出文化产业与旅游产业融合的产生原因、过程及对策等方面的内容，进行概念编码，共得到 113 个观点。结合理论分析进行科学的内涵相似节点的概念提炼，得到了 11 个概念编码（表 2）。

表 2　扎根理论的概念编码和主范畴编码过程

观点提取	概念编码	编码数量	主范畴
范围经济追求的促进、高度产业关联、合作共赢、价值增值的成本节约、节约交易成本推动、竞合行为、内生动力、内在动力、天然重合性市场需求导向、市场需求的拉力	A1 拉力因素	85	驱动因素
激烈的市场竞争、技术创新投入、技术创新推动、降低资源依赖性的措施、科学的市场导向、驱动因素、融合不足、社会分工推动、市场供给的推力、外部环境的支持力、外在推力、文化消费拉动、政府引导	A2 推力因素	472	
平台化资源、全域整合的资源观、人文资源注重内涵挖掘、整合资源、资源融合、资源转化	A3 资源融合	113	价值链融合
多元投资主体、提高主动性融合、政府投入机制、资本融合	A4 资本融合	59	

续表

观点提取	概念编码	编码数量	主范畴
产品功能融合、创新产品、创新理念、大项目推进、功能融合、核心要素、活化文旅阵地、技术融合、跨界融合、全域体验的产品观、融合载体创新、深化文化和旅游创建、渗透性融合、市场需求开发产品、特色产品、提升服务水平、突出大特色、文化创意推动、文化渗透旅游、文化项目带动模式、文化遗产依托型、文旅融合新观念、系统性思维介入、延伸型融合、运用大智慧、整合型融合、重组型融合、注重内涵	A5 产品融合	133	价值链融合
传媒跨界模式、创新文化营销模式、创新运营机制、目的地形象设计匹配、品牌融合、品牌引领、全域共享市场观、市场融合、网络营销、文化旅游科技化、文化旅游信息化基础设施、文化旅游信息化硬件平台、文化市场培育、细分对标市场、信息化建设投入、需求融合、营销推广	A6 市场融合	223	
产学研融合、行业协调、企业战略管理创新、全域协调的管理观、文旅行业协会、组织创新	A7 行业组织	10	组织保障
加强市场监管、人才融合、市场友好型政策支持、优质人才建设、战略规划、政策制度保障	A8 制度政策	199	
互动机制、融合机制、市场化改革、市场主导运作、体制机制观念创新、政府规划协调机制	A9 体制机制	125	
产业边界、产业集群、产业集团、多层面合作、全域融合产业观、文化旅游产业链（六要素）、企业融合、区域产业分工、区域产业联动发展	A10 产业集聚	107	空间协同
跨区域合作、片区合作机制、区域集中、区域统筹、文化旅游区域协同发展、优化城市联动	A11 区域集聚	45	

3.2 主轴性编码

开放式编码中的概念编码是在原始文献的基础上进行初级的表象概括，但概念编码之间的内在联系须进一步探究。本研究通过对概念编码进行联系概括，提取 4 个主范畴内容（表 2），分别为驱动因素、价值链融合、组织保障和空间协同。

3.3 选择性编码

概念性编码和主轴性编码是对原始文献中提取的观点进行内涵识别，选择性编码须对主范畴的内容进一步分析讨论，特别是对内部联系进行理论化整合，运用描述现象的“故事线”来梳理和发展核心范畴[21]。本研究通过上述系列内容，提炼出“文化产业和旅游产业融合机制”这一核心范畴，围绕此核心进行详细的选择性编码（图 3）。核心范畴的故事线为动力机制、融合机制和保障机制。文化产业和旅游产业的融合需要多因素驱动发生，自发性的拉力作用与推动性的外力作用共同驱动两者融合；文化产业和旅游产业的融合不是简单的“1+1>2”，它需要由点到面全面系统化融合，方能推动融合效用发挥至极致，融“点”是主要以价值链要素为内容的融合：资源、资本、产品和市场，聚“面”以多视角空间协同发展为主：产业集聚和区域集聚；文化产业和旅游产业的融合过程同时需要多方面组织保障：行业组织、制度政策和体制机制。

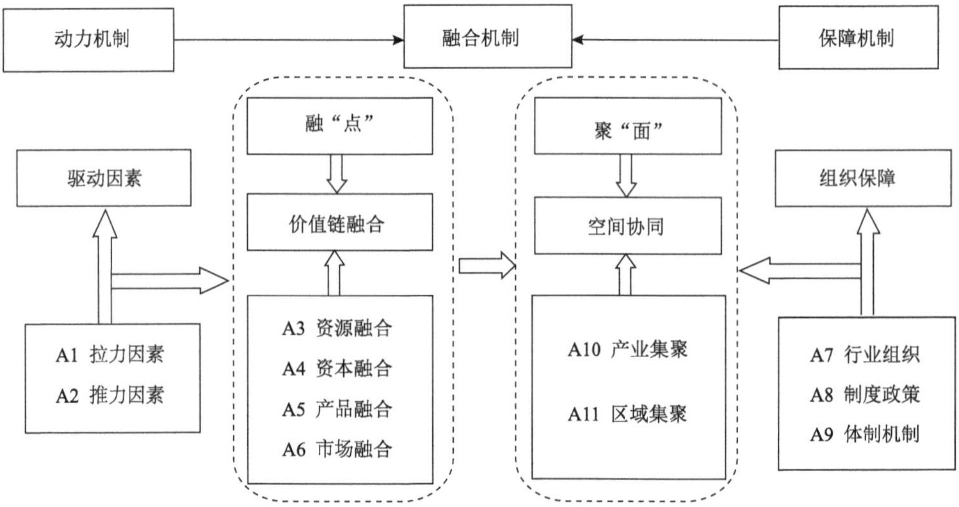

图 3　扎根理论选择性编码过程

4　文化产业和旅游产业融合机制分析

4.1　动力机制

旅游产业在内在动力和外在动力的共同作用下形成了与文化产业融合发展的动力机制[22]。为了对文化产业和旅游产业融合的产生原因进行深入分析，本研究通过对相关文献进行编码，筛选出与这类研究相关的内容并进行概念性编码。在 4 个主范畴中，驱动因素是解释文化产业和旅游产业融合的依据，具体包括拉力因素和推力因素 2 个概念编码。

在拉力因素研究中，学者们主要从产业关联、内在动力和市场需求 3 个方面出发研究拉力因素在文化产业和旅游产业融合过程中发挥的驱动作用。①产业关联。在我国，旅游产业是一个关联性极高的产业，与文化、金融、房地产等多个产业都可以相互依存。同样，文化产业也具有很强的关联性和渗透性，几乎可以和所有产业之间产生关联[10]。这说明旅游产业和文化产业之间存在着天然的关联，2 个产业的融合能够加强两个产业的共生发展、互补发展，从而开创合作共赢的局面。②内在动力。追求效益最大化是企业融合的一个内在动力，当从事旅游和文化产业的企业规模较小时，为了追求范围经济和降低市场风险，企业实现多元化经营的内在动力就会在发展过程中不断增强，这种动力在很大程度上会驱动文化产业和旅游产业的融合，而且企业间通过资源的共享在实现价值增值的同时还能节约交易成本[23]。③市场需求。随着经济高速发展，人民生活水平的提高，旅游成为人民生活的常态，旅游消费需求也在不断增长。我国社会主要矛盾的变化表明游客不再满足于传统旅游产品的单一性，而是更加注重旅游产品的文化内涵和旅游产品消费过程中的文化体验，追求个性化和多样化。市场需求是产业融合的原动力，在文旅融合发展过程中发挥着重要的作用。

推力因素也是文化产业和旅游产业融合过程中的一个重要驱动因素。通过概念编码，提取出的主要观点包括激烈的市场竞争、技术创新投入和推动、降低资源依赖性的措施、社会分工推动、政府引导等，总体上可以从市场供给、技术转型和外部环境变化 3 个方面出发分析推力因素在文化产业和旅游产业融合过程中发挥的驱动作用。①市场供给。文化特色显著的旅游产品可以增强旅游者的参与性和体验性，从而满足更高层次的需求，同样也会提高这类旅游产品在市场上的占有率。通过在旅游产品中融入一定的文化创意可以产生一种有别于传统旅游产品的新型文化旅游产品，形成新的旅游产品供给，从而刺激旅游者的旅游消费需求，驱动文化产业和旅游产业的进一步融合发展。②技术转型。科学技术是第一生产力，是一个行业快速发展的保障[24]。技术创新在产业融合发展过程中充当着“催化剂”的角色，作为融合的外在推手，技术的进步和创新正在推动整个产业边界的融合，进而扩大文化产业与旅游产业融合的范围，这有利于形成新的业态[10]。③外部环境变化。在外部环境中，市场竞争和政府引导是驱动文旅产业融合发展的主要因素。在激烈的市场竞争中，提高企业核心竞争力是多数企业在提升和巩固市场地位时选择的经营战略，不同产业的有机融合是增强核心竞争力的有效途径。文化和旅游产业的融合发展离不开政策的引导，政府的驱动作用具体表现在政策支持、基础设施建设、发展规划支持等方面。

4.2 融合机制

目前，文化产业和旅游产业融合的研究内容呈现由“点”到“面”的特点。文化产业和旅游产业的融合是一个产业边界动态变化的过程[25]，两者最初是拥有各自产业边界的独立产业，多方面驱动因素使它们逐步互相渗透，打破产业壁垒，多要素进行重组整合，多尺度空间进行集聚协同，最终实现两大产业的融合发展（图 4）。

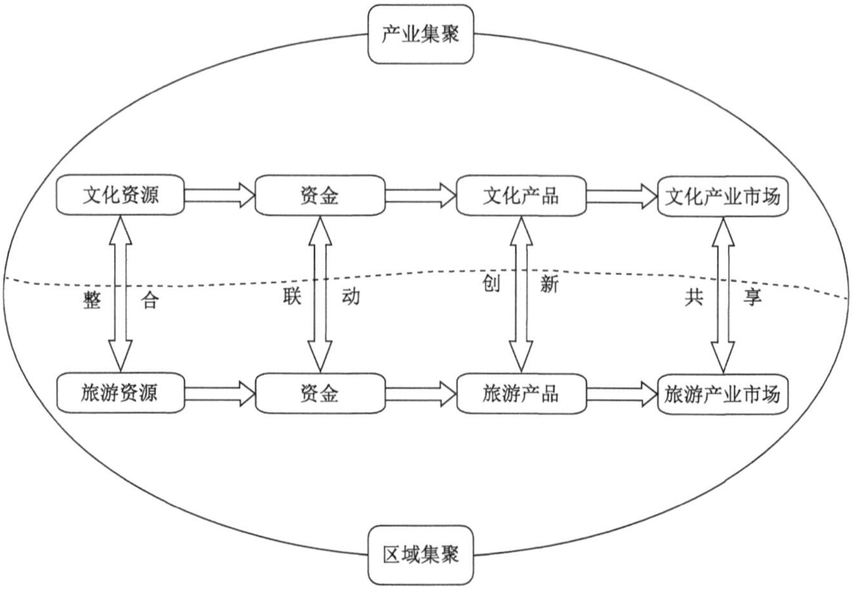

图 4　文化产业和旅游产业的融合机制图

图中虚线表示产业边界

4.2.1 价值链融合

基于价值链视角分析文化产业和旅游产业的融合机制主要是对编码过程中两者融合研究的各方面内容进行综合论述。价值链的落脚点就是价值，是通过一系列集成的、相互依赖的过程生产特定的产品或服务[26]，价值链能够比较完整地介绍文化产业和旅游产业内部要素融合的全过程。

（1）资源整合。文化和旅游资源要素的渗透、流动与融合，是在旅游目的地既有文化和旅游资源要素状况的基础上进行的，目的是实现这些资源要素的系统整合和优化组合[27]。文化产业和旅游产业的资源融合需要“全域整合”[28]，全面认识自然和人文资源，深入挖掘文化元素。人文资源由于“沉淀”的文化内涵，更容易实现两者的融合；但是自然旅游资源的融合不能忽视和否定，需要更多的文化元素去注入[29]，最大限度发挥文化和旅游资源整合的整体效能。

（2）资金联动。文化产业和旅游产业资金的联动主要从投资主体角度去探究：内部投资是资金联动的保障，文化产业和旅游产业应增强互投意识，目前以“文投旅”为主，应增强旅游产业向文化产业融资的主动性[30]；外部投资强调投资主体的多元化、拓宽多方渠道来加强第三方投资的力度，实现从政府主导向多方建设的转变[31]。

（3）产品创新。文化旅游产品是文化产业和旅游产业价值链融合链条上的最终价值的表现形式，不再是两个产品简单相加，是利用文化资源及旅游发展元素开发特色的文化旅游产品[25]。产品最终是由消费者消费，所以产品的融合需要满足消费者不断更新的需求,而创意是能够完美诠释和满足消费者需求的核心动力，但创意也需要依靠科技的力量加以强化[32]。

（4）市场共享。文化产业和旅游产业市场融合的探讨主要分为狭义和广义两个方面：狭义上，文化产业和旅游产业的消费者需要细分且共享，将原来细分的两个产业各自的消费者进行容纳，因为文化旅游产品具有文化和旅游的属性，是文化和旅游的交集，但是文化旅游产品的市场是并集式的发展；广义上，文化和旅游市场的共享式营销融合在利用网络创新传统营销推广方式的同时，还应强化文化旅游目的地形象设计，真正做到“全文化”营销和“全品牌”建设，从“可视可读”走向“情感共鸣”[28]。

4.2.2 空间协同

文化产业和旅游产业的价值链融合是以两个产业的微观视角去探讨融合机制，“点”的融合需要“面”的融合进行集聚稳固。许多学者探讨文化产业和旅游产业融合的产业集群、产业集团和区域统筹等，本研究以不同尺度的空间视角将上述内容进行分类探讨，主要包括微观空间视角的产业（企业）集聚和宏观空间视角的区域（地区）集聚两个尺度。

（1）产业集聚

文化产业和旅游产业的融合是现实中的企业之间进行各种要素交换与重组的过程，资金协同、产品创新和市场共享的最终执行是在企业层面。一方面，以文化和旅游的要素构建文化旅游行业链，要素间的不断渗透，迫使文化和旅游产业逐步改变原有的产业组织形态、商业模式、运营模式和销售模式[33]，如以旅游产业的“吃、住、行、游、购、娱”六要素进行文化企业融入组合，形成产业关联互动、良性发展的趋势[34]；另一方面，文化产业和旅游产业的融合不仅是内部单个企业的融合，还是跨所有制、跨行业的集聚，实现两个产业融合的系列化、网络化和集团化，如文化旅游集团化的组织模式能够充分解决“小、散、乱”的企业融合现象。产业集聚化是文化产业和旅游产业融合的成熟阶段化表现，能够实现规模效应，增强整体实力[35]。

（2）区域集聚

区域协同发展本身是动态、往复和不断完善的过程，是利益相关者各子系统的综合体现[36]。文化产业和旅游产业的融合以一个景点、省份乃至国家为空间载体，文化和旅游都具有地域性特点，两个产业之间的空间不确定性致使两者可以跨区域渗透[37]。文化产业和旅游产业的区域集聚须以区域产业发展理论为指导，落实片区合作机制，突破区域协作壁垒，建设区域立体化融合平台，如京津冀文化旅游融合实现了区域集聚，分工合理和相互协作实现了整体竞争力的提升，达到共赢[38]。

4.3 保障机制

文化产业和旅游产业融合发展的过程中离不开组织的保障，保障机制起到了基础支撑的作用，对产业融合的空间协同起着促进的作用。为了对文化产业和旅游产业融合的对策等方面的研究进行分析，本研究通过概念编码筛选出 A7 行业组织、A8 制度政策和 A9 体制机制 3 个概念编码，形成了组织保障这个主范畴。

文化产业和旅游产业的融合主要包括产学研融合、行业协调、文旅行业协会、组织创新等。产学研融合是我国现阶段一个主流发展趋势，企业通过和高等院校等研究机构合作，以获取相关人才和技术的支持，从而避免信息不对称的问题，为产业融合发展提供最为重要的组织保障[39]。在产业融合过程中通过建立管理委员会，不仅可以协调不同部门的分工协作，还可以对因产业融合而形成的新型旅游产品制定统一标准，加快文旅产业融合发展的进程[22]。

文化产业和旅游产业融合的制度政策主要包括加强市场监管、人才融合、市场友好型政策支持、优质人才建设、政策制度保障等。人才资源匮乏是制约产业融合发展的一个重要瓶颈[15]，这个问题在文化产业和旅游产业融合过程中更加突出，由于这两个产业均是创意性产业，因此拥有具备经营管理知识、创新性、高素质的文化旅游人才资源才能为文旅产业融合提供人才资源保障[40]。通过构建完善的产业融合机制，提供一个有利于融合的环境，在这个过程中，政府力量和市场力量间存在着协同作用，双方共同推进产业的发展，从而加快文旅产业融合的步伐[13]。

文化产业和旅游产业融合的体制机制主要包括互动机制、市场化改革、体制机制观念创新、政府规划协调机制等。完善的产业融合互动机制可以加强文化旅游品牌建设[41]。融合机制不健全、投融资体制缺乏灵活性等问题均表明体制机制不顺，这很大程度上会掣肘文旅融合的发展[42]。通过创新体制机制可以有效消除这些阻碍，具体措施包括健全文化旅游资源保护机制、创新投入机制，建立多层面和多样性合作机制等[43]。

5 结论与讨论

由于文化产业和旅游产业高度关联，两个产业的融合发展一直备受业界和学界的关注；文化和旅游部的成立推动文化和旅游体制上的融合，两个产业的融合进一步受到更多学者的高度重视。对于文化产业和旅游产业的融合的研究已颇为丰富，但是缺乏条理性梳理以及理论性机制建设。为此，本研究搜索“文化产业和旅游产业融合”等相关主题的文献资料，筛选具有高认可度的 CSSCI 的 83 篇文献；之后本研究借助 NVIVO 工具，以扎根理论为方法对原始文献进行开放式、主轴性及选择性编码，并借用编码过程的逻辑概念进行融合机制的论述，得出以下结论。

（1）原始文献扎根理论编码过程中，共提取出 113 个观点，开放式编码中提出概念编码 11 个：A1 拉力因素、A2 推力因素、A3 资源融合、A4 资本融合、A5 产品融合、A6 市场融合、A7 行业组织、A8 制度政策、A9 体制机制、A10 产业集聚和 A11 区域集聚，通过进一步对上述概念编码整理提出 4 个主范畴内容：驱动因素、价值链融合、组织保障和空间协同，以“文化产业和旅游产业融合机制”为核心的故事线展开选择性编码。

（2）文化产业和旅游产业融合的动力机制由推力和拉力共同组成：产业关联、

内在动力和市场需求构成拉力驱动因素，市场供给、技术转型和外部环境推动着文化产业和旅游产业的融合。

（3）文化产业和旅游产业的融合过程由融“点”和聚“面”共同组成。在价值链要素的融合方面，主要表现为整合文化和旅游资源、推动多元投资主体的资金联动、创新文化和旅游产品及全面共享文化和旅游产业市场；在文化产业和旅游产业的空间协同方面，主要表现为以文化旅游产业链与产业集团化为特征的产业集聚和跨地区合作的区域集聚。

（4）文化产业和旅游产业融合需要多方面、多主体进行保障实施，以上层建筑、规划建设等体制机制融合为基础，人才建设和市场建设等政策制度为支撑，文化产业和旅游产业的内部行业组织为保障。

本研究以文化产业和旅游产业的融合机制为主轴进行文献的扎根理论分析，提出两个产业融合的三个机制，并尝试提出文化产业和旅游产业融合机制的理论框架。本研究提出的问题对于目前深化文化和旅游的融合具有重要意义，但本研究对于价值链视角下的文化产业和旅游产业融合研究不够完善，未来有待以定量和定性方法共同探究文化和旅游融合的黑匣子。

参考文献

[1] Rosenberg N. Technological change in the machine tool industry: 1840-1910[J]. The Journal of Economic History, 1963, 23(2): 414-446.

[2] Gaines B R. The learning curves underlying convergence[J]. Technological Forecasting and Social Change, 1998, 57: 7-34.

[3] Fai F, von Tunzelmann N. Industry-specific competencies and converging technological systems: evidence from patents[J]. Structural Change and Economic Dynamics, 2001(12): 141-170.

[4] 陈昭锋. 论高新技术产业的途径[J]. 国际经贸研究(天津外贸学院学报), 1994(2): 46-48.

[5] 涂文华. 对金融与产业融合的思考[J]. 江西社会科学, 1994(1): 54-55.

[6] 毛蕴诗, 梁永宽. 以产业融合为动力促进文化产业发展[J]. 经济与管理研究, 2006(7): 9-13.

[7] 颜醒华, 李勇泉. 农业与旅游业高层次的融合与良性互动[J]. 软科学, 2004(4): 42-45.

[8] 方忠, 张华荣. 文化产业与旅游产业耦合发展的实证研究——以福建省为例[J]. 福建师范大学学报(哲学社会科学版), 2018(1): 39-45.

[9] 范红艳, 薛宝琪. 河南省旅游产业与文化产业耦合协调度研究[J]. 地域研究与开发, 2016, 35(4): 104-109.

[10] 程晓丽，祝亚雯. 安徽省旅游产业与文化产业融合发展研究[J]. 经济地理，2012，32(9)：161-165.
[11] 侯兵，周晓倩. 长三角地区文化产业与旅游产业融合态势测度与评价[J]. 经济地理，2015，35(11)：211-217.
[12] 张琰飞，朱海英. 西南地区文化产业与旅游产业耦合协调度实证研究[J]. 地域研究与开发，2013, 32(2)：16-21.
[13] 曲景慧. 中国文化产业与旅游产业融合发展的时空变动分析[J]. 生态经济，2016，32(9)：129-134.
[14] 翁钢民，李凌雁. 中国旅游与文化产业融合发展的耦合协调度及空间相关分析[J]. 经济地理, 2016, 36(1)：178-185.
[15] 程晓丽，胡文海. 皖南国际旅游文化示范区文化旅游资源整合开发模式[J]. 地理研究，2012, 31(1)：169-177.
[16] 徐文燕，周玲. 基于 DEA 方法的文化旅游资源开发利用效率评价研究——以 2010 年江苏文化旅游业投入产出数据为例[J]. 哈尔滨商业大学学报(社会科学版), 2013(3)：96-104.
[17] 方世敏，王海艳. 农业与旅游产业融合系统演化机制研究[J]. 湘潭大学学报(哲学社会科学版), 2019, 43(2)：63-68.
[18] 徐传谌，王艺璇. 旅游业与非物质文化遗产产业融合：一个综述[J]. 经济体制改革，2018(3)：91-96.
[19] Glasser B, Strauss A. The Discovery Grounded Theory: Strategies for Qualitative Inquiry[M]. New York: Aldine de Gruyter, 1967.
[20] 毛一雷，刘志辉. 基于扎根理论的上市公司竞争力影响因素研究[J]. 图书情报工作，2018，62(20)：95-101.
[21] 姚延波，刘亦雪. 旅游市场秩序概念模型与运行机理：基于扎根理论的探索性研究[J]. 旅游学刊, 2019, 34(5)：62-75.
[22] 姜永常. 旅游产业融合发展的动力、机制与策略研究——以文化旅游业为例[J]. 哈尔滨商业大学学报(社会科学版), 2013(4)：107-112.
[23] 但红燕，徐武明. 旅游产业与文化产业融合动因及其效应分析——以四川为例[J]. 生态经济(中文版), 2015, 31(7)：110-113, 117.
[24] 叶晨曦. 多维视角下体育产业与旅游产业融合分析[J]. 体育文化导刊, 2017(12)：102-106.
[25] 张海燕，王忠云. 旅游产业与文化产业融合发展研究[J]. 资源开发与市场，2010，26(4)：322-326.
[26] Al-Mudimigh A S, Zairi M, Ahmed A M M . Extending the concept of supply chain: the effective management of value chains[J]. International Journal of Production Economics, 2004,

87 (3): 309-320.

[27] 孟茂倩. 文化产业与旅游产业融合发展探析[J]. 中州学刊, 2017(11): 37-40.

[28] 张媛, 楼嘉军. 全域旅游视角下上海“商旅文”发展现状、特征与模式转型[J]. 现代城市研究, 2018(7): 53-60.

[29] 冯健. “文旅融合”该从何处着手[J]. 人民论坛, 2018(32): 86-87.

[30] 王琪延, 徐玲. 基于产业关联视角的北京市旅游业与文化产业融合研究[J]. 经济与管理研究, 2014(11): 80-86.

[31] 朱江瑞. 宁夏文化旅游与文化产业融合发展探析[J]. 宁夏社会科学, 2011(6): 150-152.

[32] 方永恒, 周家羽. 体育旅游产业与文化创意产业融合发展模式研究[J]. 体育文化导刊, 2018(2): 93-98.

[33] 戚俊娣, 贾连堃. “一带一路”背景下航海文化与蓝色体育产业融合发展路径研究[J]. 东岳论丛, 2016, 37(8): 188-192.

[34] 兰苑, 陈艳珍. 文化产业与旅游产业融合的机制与路径——以山西省文化旅游业发展为例[J]. 经济问题, 2014(9): 126-129.

[35] 梁爱文. 民族地区发展民族文化旅游创意产业的三维路径——以德宏傣族景颇族自治州为例[J]. 黑龙江民族丛刊, 2012(3): 66-71.

[36] 侯兵, 黄震方. 文化旅游实施区域协同发展: 现实诉求与路径选择[J]. 商业经济与管理, 2015(11): 78-87.

[37] 吴倩. 民族地区文化产业与旅游产业的融合发展研究——以贵州省为例[J]. 贵州民族研究, 2012, 33(6): 124-127.

[38] 陈怡宁, 唐元, 范梦余. 京津冀文化旅游协同发展探索[J]. 前线, 2018(9): 68-70.

[39] 荷叶, 张森林. 内蒙古文化产业与旅游融合发展研究[J]. 内蒙古社会科学(汉文版), 2015, 36(5): 191-196.

[40] 覃雪香, 徐晓伟. 广西文化产业与旅游业融合发展研究[J]. 广西社会科学, 2012(8): 23-27.

[41] 张海燕, 王忠云. 大湘西旅游产业品牌与区域经济发展的耦合研究[J]. 贵州民族研究, 2011, 32(3): 118-124.

[42] 何一民. 推进长江沿江城市文旅融合与旅游业转型升级的思考[J]. 中华文化论坛, 2016(4): 15-21.

[43] 徐淑红, 朱显平. 关于推进松原市文化产业和旅游产业融合发展的对策思考[J]. 税务与经济, 2016(3): 108-112.

Integration Mechanism of Cultural Industry and Tourism Industry — Qualitative Analysis Based on Grounded Theory

Ding Juan　Zhang Chenchen　Jiang Qiwen

(School of Business of Anhui University, Anhui, 230061,China)

Abstract Culture and tourism have always been accompanied and intermingled. The integration of cultural industry and tourist industry is one of the core contents of cultural and tourism integration research. Based on the grounded theory, this study uses the NVIVO tool to encode the 83 CSSCI articles searched on the theme of "cultural industry and tourism industry integration", and open-codes 11 concepts with 113 views, further spindles coding the four main categories content out of the views. Finally, it is selectively coded with "the integration mechanism of cultural industry and tourism industry" as the core story line. Research findings: 1) The integration of cultural and tourism industry is driven by the high correlation between the two industries, the win-win cooperation and the market demand, technological transformation, polytropic market supply and external environment. 2) The integration process of cultural industry and tourism industry is composed of the "point" which blend resources, link fund, innovate products and share market, and the "plane" which has aggregated the industrial agglomeration and regional agglomeration. 3) The integration of cultural industry and tourism industry needs the integration of systems and mechanisms such as institution and planning, supports of policies such as the construction of talent and market, and the guarantee of the internal industry organizations.

Keywords cultural industry; tourism industry; integration; mechanism; grounded theory

空间、产业与社会建设：特色小镇的结构与功能

——以 CSJ 科技城建设为例

林　茂

摘　要　由于传统产业布局给城市发展所带来的局限性日趋严重，大规模产业迁移和重置近年来已成为中国经济与社会转型的重要内容。然而，如何避免传统产业布局给迁入地带来同样的环境问题？如何促使迁入产业与当地经济、社会良好融合，进而带动城市综合向前发展？这已经成为新兴产业城市设计与建设中面临的重要问题。在此前提下，科技创新智慧生态小镇（简称科技小镇）项目更应当具备居住、工作、生产、消费、投资等多重功能，保障城市空间的可持续运营。"特色"二字体现在将人们对空间的居住功能的需求与生活本身的需求相结合，将居住者的职业行业与当地政府重点发展的产业，以及所在城市发展的主流方向相结合。本文以 CSJ 科技城建设为例，剖析产业结构转型、新旧动能转换、产业工人转移与房地产产品转化之间的关系。本研究的目标在于向房地产行业及学界，给出一种相对合理的促进产业、城市和生态文明和谐发展的科技城市建设范式。

关键词　产业迁移；新兴工业城镇；生态城市；产城融合；社会建设

1　引言

转型社会中出现的重要问题之一是社会发展与治理之间的关系。许多社会学

作者简介：林茂，1986 年生，女，华东师范大学社会发展学院讲师，研究方向为社会治理与法律社会学。

家都致力于讨论该问题，如齐美尔就曾以此为题进行讨论。事实上，问题的关键是在陌生人社会中，人们如何实现社会生活。在转型中国，这个问题确实显得更加重要，因为中国是一个关系社会，是经历了2000多年发展的安土重迁、重情重义的社会。在转型的过程中，短时间里人口的快速流动造就了陌生人社会。无论是在城市社区，还是在乡村社会，陌生感已经成为人们日常的重要体验。总而言之，陌生已经不再“陌生”。我们该怎样应对这样的陌生状况，寻求怎样的方式来缓解这种因陌生而生发的焦虑？

我们的政府一直在寻求解决办法。在农民工问题上，政府积极创造良好的社会条件和基础，以实现家庭而非个人的流动；不仅如此，乡村振兴战略也致力于村庄的整合和发展，缓解流动产生的共同体消解。在关于城市社区治理问题上，政府则通过各种方式促进居民参与管理，增进居民间的认同；同时，还在打造城市名片，以促进城市居民的身份认同。这些措施，在一定程度上都有助于问题的解决，但暂时无法从根源上解决这些问题。

究其原因，是生产方式与生活方式之间无法调和的结果。在中国文化中，朝暮相守的观念还在起作用，不仅是家人的相守，还是社区成员的相守。但当市场经济流行、人们不得不参与到市场中时，容纳劳动力的生产方式就成为阻碍这种生活方式的重要力量。也就是说，劳动场所与家庭的分离，成为客观的因素。于是，为获得劳动机会，农村居民不得不离家到城市中，城市居民不得不离家到城市另一端的企业单位中。这种情况造成了人们在时空中的分离，时空间隔造成了陌生感。我们尝试在新的城市建设经验中发现新的努力方向。

2 产城融合：新的探索

由于中国一、二线城市内部的集群效应与传统工业、产业分区造成的环境污染问题、城市治理问题日益严重，城市空间的更新与转换已经成为社会发展的重要议题。然而，在同一地理区域、文化区域内部，不同地区、不同城市之间的不平衡发展，也为城市空间的大洗牌与资源整合重组提供了契机。为发挥一线城市邻近片区和强二线城市的比较优势，房地产市场推出了科技小镇计划。科技小镇选取一线城市周边的30～80 km重要区域，高标准建设，致力于让高科技企业和从业人员在紧邻一线城市的重要区域，以不到一线城市三分之一的价格，享受更优越的工作环境，享受更美好的生活。例如，苏浙沪区位优势在全国十分显著，但其内部核心成熟地段土地紧缺且价格高昂。受限价政策与购买力影响，这一部分市场也不容乐观。本文以 CSJ 科技城为例进行讨论。CSJ 科技城项目利用地价“剪刀差”优势，将地址选择在浙江 PH 市的 XD 镇（该地与上海市 JS 区相邻，区位优势明显）。这是城市发展与产业相结合，实现可持续发展的重要实践。

从地方政府角度来看，CSJ 科技城项目是缩小区域内部差距，实现区域一体化平衡发展的重要战略。CSJ 科技城项目的建设工作贴合国家与区域发展的导向，实现了房地产空间的多样化，将城市空间的居住功能、商业功能、生产功能有机结合，具有巨大的发展空间。在具体的规划建设中，CSJ 科技城项目制定合理的预算方案，将生态环保理念与产城融合相联系，贯穿了城市空间再造的各个方面，致力于打造森林城市、生态城市、智慧城市，希冀引导未来城市建设的主流趋势。CSJ 科技城项目不仅很好地传承和发扬了生态城市的成功经验，并且在区域协同发展、城乡一体化发展方面实现了突破与创新。这是其他产业园建设所不具备的优势。具体而言，CSJ 科技城项目在行政区划方面涉及两个省级行政区，且均为经济、科技高度发达的前沿地区。CSJ 科技城吸收和借鉴了两地优势，整合了两地从产业到企业到人力各方面资源，为项目的可持续发展提供了坚实保障，同时也实现了国家大力倡导的经济圈一体化建设目标。

结合该项目，本文所定义的产城融合，主要是指建立融生产、生活于一体的综合性社区，将社会治理与产业发展、人民生活有机融合。在这个社区中，借助生产、生活基础设施在空间布局上的一体化优势，实现人口的低流动，进而打造一个基于生产、生活等多维联系的社区。同时，借助其与城市主体、附近村落的空间距离，促使城市居民形成认同感与共同体意识。

3 “产”与“城”之间的关系

就目前学界主流思想而言，对产城融合的关注度仍旧停留在“产”及“产城关系”上，对绿色生态思想在“产业发展”和“产城关系”方面的研究还须完善。科技小镇建设，从规划到施工将森林城市这一理念落到实处。产城融合，不仅是其他传统产业与城市的结构转型与升级，也是房地产行业实现转型的重要契机。小镇建设以住宅为支柱，逐步走向多元化道路，将产业发展与提高居民生活质量相结合，其核心在如何处理产城关系上。

3.1 从结构到功能的城市建设：从孤岛经济到产城融合

产城融合这一城市建设理念，在实际操作中，经历了产业园区—孤岛效应—产城结合—区域发展—特色小镇的发展脉络。工业化和城市化结合，在城市化进程不断推进和产业结构升级问题不断加剧的情况下，相关的社会经济转型经历了由以单纯的产业园区为主导的“孤岛经济”模式，逐渐转变为以产城结合的“集群效应”为主导的特色小镇带动区域发展的模式。这一社会经济转型，使产业园区的“孤岛经济”发展为产城融合，主要表现在产业融合 、空间融合、社区融合三方面[1]。自《国家新型城镇化规划（2014—2020 年）》颁布以来，国家陆续出台了多项产城融合的政策要求，提出“统筹生产区、办公区、生活区、商业区等功能区规划建设”。实际上，根据笔者在 CSJ 科技城观察到的实际情况来看，产城融合的本质是“功能混合”，打破以往产业园区单一的生产功能，改变与周围社会发展相脱离的局面。通过功能混合，在集聚产业的同时集聚人口，核心在于留住人口，从而防止新城新区空心化，实现土地价值提升，达到产城融合、政企两利。目前产城融合的空间实践也是严格按照功能混合的标准进行建设，高新技术产业用地、产业配套用地及生活配套用地各占 1/3[2]。

从产业发展的方向来看，科技城的产业发展也由过去单一的工业生产转变为复合多元的社会生产。产业与社会生活融合程度需要不断加深，打破以往将工业生产与社会生活在空间上完全分割的局面。科技城产城融合的深层次结构在于实现由“物的城镇化”向“人的城镇化”（农民市民化）、由“工业文明”向“生态文明”的战略转型，是从“功能”向“人本”、继而向“多元”的价值观转型。产城融合以“以人为核心，以产兴城、以城促产、产城相容”为目标。产城融合的核心是产业，产业属性决定了城市规划的方向；但最终落脚点是人，“以人为本”应当成为科技城建设的原则，营造“宜居、宜业、宜创业的新环境”[3]。也就是说，产城融合的根本目标不仅在于经济发展，还在于社会的全面、综合发展。具体而言，产城融合尤其应以改善人的工作质量、提升人的生活品质为目标。科技城的运营和获利，必须深耕消费者从物质到精神的各方面需求。也正因如此，虽然特色小镇存在投资周期长、回收资金较慢等特点，但能够持续满足消费者的需求，在土地资源有限的前提下，深耕消费者需求这一丰富的田野，是科技小镇项目可获得长远、持续的利益回报的保障。“随着建设的铺开，科技小镇未来会占据越来越重要的位置”[4]。

3.2 从生产到生活的城市建设：从工业园区到特色小镇

提升人的生活品质和社会发展，从宏观的层面上来看，主要是指城镇化发展的各要素通过产业发展得到连带发展，产业和城镇化之间的互动关联性也在城市设计与建设层面得以实现。就产城之间的关系而言，城镇化是产业集聚发展的空间载体，产业是城镇化建设的动力源泉。产城融合的根本实施手段就在于城镇化的顺利推进和产业的优化升级相结合[5]。没有产业支撑的城镇化造出“空城”和“鬼城”，只有产业而没有城镇化的空间，是工厂生产车间的简单扩大。要避免以往的城市建设中将产业和城市割裂所形成的“园区孤岛”和“空城”现象，必须以可持续发展为规划视角，将作为城市经济功能的“产业”与城市政治、文化等主要功能有机结合，辩证统一。选好一个产业，吸引产业内龙头企业，是盘活产业园区、实现科技城可持续发展的重中之重。不可否认，对于科技小镇的建设，其他中小房地产商的“搭便车”逻辑等都会对集团利益产生暂时的影响，但从长远的城市空间更新来看，土地溢价以及集群效应所带来的利润应当远大于上述不利影响招致的损害。根据自身的发展战略来看，科技城确实是目前企业发展所客观需要的[6]。

以生产和消费为主导的特色小镇经济增长模式，涵盖了汽车制造、纺织业、通信业、旅游业、娱乐业等多种行业的有机整合。特色科技小镇涵盖了物联网、移动互联及大数据等社会转型支柱行业。以潼湖科技小镇为例，其通过与周边一批产业领军机构合作，被打造成为物联网产业基地。同样，在 CSJ 科技城项目中，科技小镇以其突出的产业特色，疏解了许多城市传统工业生产功能，消除了其所带来的弊端，受到政府与社会各界的广泛好评。但纵观各地特色小镇的建设和运营，许多特色小镇对园区依赖造成的镇区空心化、社会生态环境恶化等一系列问题也不容忽视。所以，在 CSJ 科技城的建设中，需要考虑到社会、生态的可持续发展，产城融合不仅应体现科技城内部产业与城市的融合，更要体现科技城与所在市政老城区的融合。CSJ 科技城充分考虑到这一点，在交通建设与旧城拆迁上与政府多次协商，为科技城与城镇的发展共谋未来，真正实现产城融合。具体来说，科技小镇应该是“人们在这里工作、生活，可以散步，可以喝咖啡，有最好的店，有很好的配套。小镇地面都是公园，所有外墙长满植物，屋顶都是花园”[7]。

3.3 从宏观到微观的城市建设：物—制度—人

如果可以将产城融合进行理论分层的话，那么纵观 CSJ 科技城的建设，笔者可将其分为宏观大区域的融合、中观生产生活的融合和微观人与环境的融合三个层次。这三个层次分别与产业型特色小城镇建设相结合，最后形成以共融型产业为发展核心，以融合型城镇为发展支持和以互助型政策为指导的共融[8]。“产城融合”的内涵包括人本导向、功能融合和结构匹配三个层面，在充分认清该地区经济发展阶段的条件下，CSJ 科技城正积极寻求区域合作发展，试图通过优化结构、完善设施来实现“产”与“城”从宏观到微观的共融。具体而言，第一，从 CSJ 科技城项目地块的内部实际情况出发，应当从产业升级、空间布局、服务设施、生态景观和道路交通五个方面来实现产城融合。第二，从该地块所在的区域情况出发，“产城融合”主要包括与所靠近的大城市（上海、苏州、杭州）联动，从而实现科技城自身生产与生活的融合、人与自然融合。

总之，就像土地曾经是农村居民生活的核心，不仅因为其提供了生活的物质条件，还因为它为实现居民的社会凝聚提供了保障，同时还促成了他们作为个体与世界的关联一样；产城融合正是基于这种朴素的生活经验，尝试结合现代产业建立起这种人与世界间的稳定关系。不仅如此，因为产业具有相对稳定性，所以人在其中也便有了稳定的感觉。稳定的人的意识，稳定的社会关系，这就避免了现代陌生关系的不断扩展。这不仅促成了个体对生活的良好体验，也会促成城市的稳定发展。

4 以产业为导向的城市建设

打造具备良好人文生态的城市，要在规划过程中首先考虑其功能协调。各功能部分之间协调有序，城市才能够良好发展。建设这样的城市，不仅要建造生产、生活的基础设施，还要打造好的自然环境。也就是说，良好的人文生态也需要良好的自然生态条件。

对生态城市和产城融合的思考,更多的关注仍然主要停留在经济发展的角度。实际上，从产城融合发展较为成功的案例来看，产城融合的“产”应是转型升级的“产”，更应是绿色发展的“产”。生产方式绿色化，加快发展绿色产业，才能持续形成经济社会发展新的增长点[9]。首先，从城市发展角度来看，森林城市不仅在微观层面需要强化，更应当贯穿产城融合特色小镇建设的各个层面，在区域层面和区域内部运营及市场销售等方面都应当始终将生态文明建设放在显要位置。其次，从产业发展角度来看，绿色产业、传统产业的科技创新与产业升级也是 CSJ 科技城项目的特色之一。科技城内基础配套设施本身的节能环保，以及科技城环境打造方面的因地制宜、因势利导，都最大限度地保护了环境，保障了自然资源的充分利用。

4.1 因地制宜打造“海绵城市”

CSJ 科技城项目基地自然环境良好，具备发展海绵城市的各种条件。CSJ 科技城属冲积平原地型，地处长江支流分水岭。境内众多细小支流分布，地势由西北向东南倾斜。地处 121°E、30°N 附近，属典型的亚热带季风气候。项目基地位于东北方向，地势西北高、东南低，雨水资源、植被物种资源十分丰富。在城市规划中，从蓄洪、工业生产需要以及保护现有植被和生物多样性出发，须同时考虑到雨水的处理、收集和环保使用工作。海绵城市对雨水的处理模式非常适合科技城的具体情况。因此，在科技城的规划中，设计者改变了传统城市建设模式以单纯的硬化路面为主的道路设计，增加了除管渠、泵站等设施以外的绿色空间用以排水。这一绿色空间以人工湖为主题，以公园、绿地植被为辅助，避免了以往以“快速排除”和“末端集中”控制为主要规划设计理念所带来的旱涝急转后果。

在科技城的规划中，绿色空间主要包含三个部分。第一，在沿湖带种植多重绿色植被。在景观设计上层次分明，美化城市环境；在实际功用上，多重植被之间发挥组合作用，优化资源配置。选取沿湖水系，依托水系本身对湿度和温度的调节，强化了蓄洪防涝作用，且与城市景观相结合，优先利用植草沟、渗水砖、雨水花园、下沉式绿地设施来组织排水。第二，草地与灌木丛、行道树的结合，以“慢排缓释”和“源头分散”控制为主要规划设计理念，除了具有蓄洪防涝作用以外，还能有效收集雨水。第三，湖区与泖河水系是核心的“海绵体”，与绿地、花园及可渗透路面等城市配套设施相结合，不仅具有收集雨水的作用，还具有净化雨水的作用，为项目基地水资源的循环利用打下了基础。同时，绿地空间对水系本身的保护，也起到了重要的作用。项目基地“海绵体”的区位、规模和质量都处于较佳状态，能最大限度地节省开发成本，获取较高的经济和社会效益。

4.2 因势利导建设“美丽宜居”城市

建设绿色生态城市规划方案，在最大限度保护自然环境的基础上，降低了开发成本，提高了资源使用率。CSJ 科技城项目设计方案遵循自然布局，在不改变地形地貌的前提下，以湖区为核心，进行功能分区布局。这一功能分区的特点主要有以下三个方面。第一，住宅区位于河流的上游和上风向，可打造宜居的山水风景。第二，在河流的下游和下风向，利用大块平整和开阔的地形布局产业园区，可实现园区集群化和规模化效应。下游和下风向的区域位置，能最大限度地减少环境污染。同时配以相应的道路交通设施，能很好地将工业生产垃圾的处理集中于园区板块，从而减少对居住区的干扰。第三，湖区的下方中央商务区的设立以及城市标志性主题景观的规划设计，都为科技小镇集生产、研发、商贸、旅游、居住等深度产融合准备了条件。以科技类产业为主的生产制造业带动相关的文化产业[10]，为产城融合的实现创造了更好的环境。同时，在产城融合的视角下，以人为本的城镇化模式与产业链条由“制造”到“创造”的转变，实现了产业发展与城市服务功能有机结合，有助于破解追求产业转型或园区城市功能单边效应的误区[11]。

4.3 以公共服务为引导的绿色城市规划

要从根源上实现产城融合，不仅需要城市规划从技术上保障，还需要行政力量在公共服务方面大力支持。城镇化过程中特色小镇的建设，逐渐由以往的行政力量全力主导，让位于市场主体和社会主体。市场对资源的最优配置是“自发的历史进程”，但“以人为本”的城镇化目标导向，在市场效率优先的前提下，仍需要以政府为主体的行政力量对社会公平进行保障和调节。加大特色小镇产城融合中公共服务的有效供给，其目的在于将产业和人口再生产与社会发展相融合，将产业园转变为城市，在促进产业的发展和结构升级的同时，确保相应的生活配套设施落到实处，真正实现产城融合。但在公共服务供给上，作为社会资本和政府外包服务的承接商，CSJ 科技城有义务充分遵循产城融合的发展规律，同时与各级政府实现良好的配合与沟通，在服务于科技城产城融合的发展阶段和未来需求上，将公共服务配给纳入评估体系，不能过分追求产业发展而弱化城市功能，也不能过分追求公共服务的大规模、高能级供给，更不能不按照产城融合阶段要求而盲目进行赶超式供给[12]。

CSJ 科技城规划中，以道路和水系为分界的产业园和住宅区，在空间上将生产活动集中于区域内部。在产城融合与可持续发展的视角下，针对各功能分区的经济与社会联系，应以湖区和水系为核心，做到商业区、生活区、产业园区有机统一。这里所提出的联系主要是指依交通、道路系统由政府公共服务供给所产生的社会联系。主要分为以下三个部分。第一，园区生产活动所需要的物流、仓储空间与产品销售紧密结合（高铁、高速公路、空港优势）。针对物流所需的货车规划专门的园区入口；对中央商务区和商业街的入口，布局专门的人行入口，将工业与旅游相结合；湖区的下方中央商务区的布局和环湖商业街与景观带的设置，动静结合，以实现生产和生活的联动效应。第二，产业园内部的职住平衡通过共享式中央配套设施的设计也得以实现。产业园内部设立共享式配套服务空间（包括教育、医疗、文化、娱乐等设施）。园区大部分居民（产业工人）可以就近工作，交通设计上也以步行和自行车、电动车等轻便交通工具为主，同时结合轻轨和有轨电车等公共交通工具。这样可以尽量将使用机动车限定在一个合理的范围内，减少交通拥堵和空气污染，从而提升城市居民的生活品质。

关于产业与城市发展的关系问题，绝大多数学者都认为两者之间是相互促进、互为因果的关系。基于这一因果逻辑，二者之间存在一荣俱荣、一损俱损的联动关系[13]。但实际社会现实中存在的问题恰恰是二者之间分离发展所造成的困境——发展规划与产业规划相脱节[14]。为避免这一情况产生，CSJ 科技城在选址之初就已经做好准备。第一，在土地利用政策及原有产业引进方面本身获取了一定的优势。第二，CSJ 科技城项目中，住房和就业岗位的分配在市场和行政力量的双重作用下进行，保证了产业从业者可以就近居住，其中高学历与高收入劳动者数量可观，住宅区与园区间空间布局合理，有利于职住同地。CSJ 科技城在规划上从用地角度做到了平衡，市场分配也使得居民实现了职住平衡，从而实现科技城的可持续全面发展。综上，正是在这样的职住平衡的基础上，CSJ 科技城的产城融合才得以实现。留住人才，安居乐业，是产城融合制胜的核心要素。

4.4 以产业链的建立实现科技城功能组团

产城融合的主要手段在于选好一个产业，融合多个产业协调发展，整合资源形成产业链。CSJ 科技城内部产业平衡有利于产城融合的实现。同时，基础设施投入对创新绩效的促进作用受到产业集聚度的制约。产业集聚程度较低时，加大基础设施建设能有效提升地区创新绩效[15]。在 CSJ 科技城的规划中，针对公共服务供给的基础设施规划为科技城内部集群化管理的实现提供了坚实的基础。从空间发展来看，产业社区的配套标准、工业社区服务中心的建设形式，以及组团内基础配套设施的可达性（15 分钟的自行车程可满足基本需要）成为 CSJ 科技城融合的一大亮点。如同珠海市富山工业园建构数个生产生活相对独立的工业单元一样[16]，连片园区内配套服务均等性和可达性为产城融合“工业社区”的成功实现准备了充足条件。

一般来说，对新建的园区进行特色小镇建设，在配套建设与旧城中心转移方面，都需要更多的公共服务供给。从时间顺序上看，CSJ 科技城的城市转型是城市发展在前，产业升级在后。虽然在空间上是新城，与旧城有一定的距离。但原有的产业基础使得 CSJ 科技城在配套上能更好地嵌入都市中的产城一体化社区。这样的嵌入式特色小镇建设基础更优良[17]。所以，CSJ 科技城在传统产业集群转型升级的实施方案已经确定的情况下，加强产业的多元化有机结合和产业链的培育，利用周边产业集团的支持，抓住环保契机等，相比以往产城融合的案例更具有优势[18]。

一言以蔽之，科技特色小镇的建设是围绕社会发展进行的。作为社会建设实验的一部分，它将为我们继续探讨理想社会提供可能的经验证据。

5 结论

关于社会的形成与发展，无论是经典社会学理论，还是当下的社会学理论，往往更倾向于从文化、经济、规则、心理等方面来讨论，很少考虑到物理空间的影响。伴随时空与社会关系研究的发展以及人们对社会认知的进步，社会建设中不断展露出的多样化特征得以进一步明晰。通过规划城市功能区的空间布局，调整居民日常工作、生活的时空分配，最终达到居民间社会关系的稳定与协调。这种规划建设深化了对社会的形成与发展的认知。也就是说，相较于此前缺少理念的城市规划——没有目的的社会建设，特色小镇的建设则凸显了以社会为中心的理念。

《住房城乡建设部 国家发展改革委 财政部关于开展特色小镇培育工作的通知》提出“到 2020 年，培育 1000 个左右各具特色、富有活力的休闲旅游、商贸物流、现代制造、教育科技、传统文化、美丽宜居等特色小镇”。特色小镇的培育在政策上得到多方支持，而本文的案例研究所选取的 CSJ 科技城，在发展方向上也契合时代发展的主流。科技小镇产城融合项目的打造，是人们对美好居住需求的一次“回归”。建造好房子，建设美好城市，打造美丽家园，是人和社会长久的发展目标。

参考文献

[1] 孔斌, 陈超, 武君臣, 等. “产城学”融合视角下的城市边缘区设计探索: 以丹阳市南师大中北学院周边地块城市设计为例[J]. 江苏城市规划, 2017(11): 25-29, 47.

[2] 宋彦成, 叶一剑. 解密碧桂园科技小镇[J]. 中国房地产, 2018(2): 34-36.

[3] 潘慧琳. “产城融合”我们所追求的理想城市[J]. 决策探索(上), 2017(13): 30-35.

[4] 张晓玲, 石钰. 产城融合再探索: 碧桂园获潼湖科技小镇首期用地[N/OL]. http://www.21jingji.com/2017/5-10/3NMDEzODFfMTQwODc3NA_2. html[2017-05-10].

[5] 祁京梅. “产城融合”是城镇化建设的重要抓手[J]. 财经界, 2018 (2): 1-3.

[6] 骆轶琪, 朱剑敏. 3000 亿规模之上要做产城融合[N]. 21 世纪经济报道, 2017-07-25(20).

[7] 牛慧丽. 碧桂园科技小镇动工探路“产城融合”新模式[N]. 中国建设报, 2017-05-22(2).

[8] 汪千郡. 产城融合视角下特色小镇规划策略探讨: 以青神苏镇为例[J]. 住宅与房地产, 2016(27): 41-43.

[9] 阎立. 产城融合, 生态是底线绿色是底色[N]. 新华日报, 2015-11-25(15).

[10] 梁学成. 产城融合视域下文化产业园区与城市建设互动发展影响因素研究[J]. 中国软科学, 2017(1): 93-102.

[11] 阳镇, 许英杰. 产城融合视角下国家级经济技术开发区转型研究: 基于增城国家级经济技术开发区的调查[J]. 湖北社会科学, 2017(4): 79-87.

[12] 张光进, 赵源. 产城融合亟需加大公共服务的有效供给[J]. 人民论坛, 2017(3): 72-73.

[13] 林晶晶. 产城融合发展视角下推进小城镇改革研究: 以福建省莆田市为例[J]. 沈阳工业大学学报(社会科学版), 2017(4): 351-354.

[14] 颜丙峰. 产城融合发展的现实考量与路径提升: 以山东省产城融合发展为例[J] . 山东社会科学, 2017(5): 184-188.

[15] 雍维. 产城融合视角下陕西省新型城镇化发展的路径选择[J]. 经济研究导刊, 2016(22): 53-54.

[16] 张建清, 白洁, 王磊. 产城融合对国家高新区创新绩效研究: 来自长江经济带的实证研究[J]. 宏观经济研究, 2017(5): 108-117.

[17] 蔡丽娟. 产城融合视角下广东佛山都市型制造业产业集群研究[J]. 特区经济, 2017(10): 24-26.

[18] 周铁. 产城融合理念下工业园区公共服务体系的构建: 以江门市江沙示范园区为例[J] . 中国集体经济, 2017(18): 6-7.

Space, Industry and Social Government : the Structure and Functions of Characteristic Town

—An Example of CSJ Technology City

Lin Mao

(School of Social Development, East China Normal University, Shanghai, 200062)

Abstract Due to the increasingly serious limitations brought by the traditional industrial layout to urban development, large-scale industrial migration and resettlement have become an important part of China's economic and social transformation in recent years. How to avoid the same environmental problems brought by the traditional industrial layout to the place of immigration? How to promote the integration of the relocated industries with the local economy and society? This has become an important issue in the design and construction of emerging industries. Under this premise, the science and technology town project should have multiple functions such as living, working, production, consumption, and investment, and be a characteristic town construction that guarantees the sustainable operation of urban space. The word "characteristics" reflects the combination of people's needs for the living function of the space with the needs of life itself, the occupation of the occupants, and the industries that the local government focuses on, and the mainstream direction of the city's development. This article takes the construction of CSJ science and technology city as an example to analyze the relationship between industrial structure transformation, new and old kinetic energy conversion, industrial worker transfer and real estate product transformation. The goal of this research is to give a relatively reasonable paradigm for the construction of science and technology cities that promotes the harmonious development of industries, cities, and ecological civilization to the real estate industry and academia.

Keywords industrial migration; emerging industrial towns; eco-cities; industry-city integration; social construction

多维邻近性视角下中国对外直接投资区位选择研究

司月芳　王丰龙　张　翌

摘　要　多维邻近性对经济活动空间布局的影响和作用机理是经济地理学研究的重要领域。但是现有研究主要集中在地方和区域空间尺度，国家层面的探讨相对松散和薄弱。本文将用于国家间关系分析的“文化-制度-地理-经济”邻近性分析框架引入中国对外直接投资区位的研究中，探讨中国对外直接投资的空间分布及其影响因素。研究表明：经济邻近性、文化邻近性和制度邻近性对中国对外直接投资的区位选择具有正向影响。然而空间直线距离和领土相邻等代表的地理邻近性本身是对外直接投资区位选择的非充分非必要条件，地理距离更多的是通过影响其他维度的邻近性从而影响对外直接投资的区位选择。

关键词　多维邻近性；对外直接投资；区位选择；区位因素；中国

地理距离对经济活动的作用强度和机理是经济地理学研究的重点领域。传统的地理学重视地理距离的摩擦作用（friction of distance），认为距离更近的事物之间更容易发生相互作用。但随着“邻近的脱地理性”概念的提出，Bunnell 和 Coe 主张地理邻近性本身是经济活动的非充分非必要条件，地理距离较远的主体可能通过加强组织、社会、体制和认知等其他尺度的邻近性发生作用[1]。在此基础上，法国邻近动力学派（French school of proximity dynamics）指出，邻近性包含经济

作者简介：司月芳，1982 年生，女，任职于华东师范大学中国现代城市研究中心、城市与区域科学学院，副教授，研究方向为中国对外直接投资、创新网络和区域经济发展研究。王丰龙，1988 年生，男，任职于华东师范大学中国现代城市研究中心、城市发展研究院，副教授，研究方向为政治地理学和行为地理学研究。张翌，1994 年生，女，华东师范大学中国现代城市研究中心、城市与区域科学学院博士研究生，研究方向为企业创新和区域经济。

基金项目：国家自然科学基金项目（41871110，41601144）、教育部人文社会科学项目（14YJC790098）、上海软科学重点项目（18692104500）、中央高校基本科研业务费项目华东师范大学共享交叉基金（人文社会科学项目）（2019ECNU-GXJC002）。

邻近性、制度邻近性等一系列不同的维度；Boschma 等演化经济地理学者完善了多维邻近性的概念，系统分析了认知邻近性、制度邻近性、社会邻近性、文化邻近性的差异性[2]。现有研究一般认为，不同维度邻近性对经济活动的影响是相互联系的，因此有必要同时考察地理邻近性与其他维度邻近性对经济地理活动的影响。目前，多维邻近性研究集中在地方/区域空间尺度的创新机制分析，主要考察区域内部的企业、大学、科研机构等微观行为主体之间的多维邻近性对创新的影响[3]。然而，由于对外直接投资等活动一般发生在跨国尺度，这一尺度上多维邻近性的作用强度和机理与区域尺度可能不同[4]，因此，有必要深入分析跨国尺度上的多维邻近性对经济地理活动的影响[5]。

2012 年党的十八大报告明确提出“全面提高开放型经济水平。适应经济全球化新形势，必须实行更加积极主动的开放战略”。此后，中国对外直接投资总量迅速攀升，成为全球第二大对外直接投资来源国[6]。特别是随着“一带一路”倡议得到越来越多国家和组织的积极响应，中国对外直接投资迅速发展，成为重塑全球经济格局的新兴力量[7-9]，其区位选择为检验多维邻近性在宏观空间尺度的有效性提供了实证基础[10]。与发达国家跨国公司相比，中国企业被视为后发企业（latecomer firm），国际化初期不具有技术、品牌和全球市场资源等所有权优势[11]，对外直接投资只得到母国政府追赶战略和海外华人社区的支持[12]。介于中国对外直接投资的特殊性，越来越多的海内外学者开始关注中国对外直接投资的区位选择，以及企业的所有制结构、关系、企业家精神等区位影响因子，对现有理论进行检验和修正[13-22]。然而这些研究多关注东道国因素对中国对外直接投资区位选择的影响，除了贺灿飞等学者从制度关系的角度对中国对外直接投资进行积极的探索外[23]，很少有研究深入探讨母国与东道国之间的制度设定、人才流动、经济互动等邻近性对中国对外投资区位选择的综合影响。因此有必要基于多维邻近性的视角，通过分析母国、东道国之间的关系对中国对外投资区位选择影响，为解释中国对外直接投资的空间布局及影响因素分析提供新的思路[24]。

本文拟将多维邻近性分析引入对外直接投资区位因素研究中，基于中国对外直接投资的国别数据，结合中国对外直接投资发展历程，系统、详细地分析中国对外直接投资的空间布局特征和区位选择因素。文章第 1 小节是模型与数据，第 2 小节是描述性统计分析；第 3 小节是中国对外直接投资的区位因素；第 4 小节是结论与讨论。

1 模型与数据

1.1 理论框架和指标选择

Ghemawat 教授在分析美国对外直接投资的区位选择时发现国家之间的地理邻近性、经济邻近性、制度邻近性和文化邻近性对跨国公司的国际化战略选择起着非常重要的影响，并将其研究框架称为“文化-制度-地理-经济”邻近性模型（CAGE distance model）[25]。该理论模型主张不能将被研究国家看成独立主体，而应关注各国家之间的贸易、资金、信息和人员流动，以更好地理解国家层面的经济活动联系。本文将此框架应用至中国对外直接投资的区位选择因素分析中。不同维度邻近性的界定及选择依据如下（图 1）。

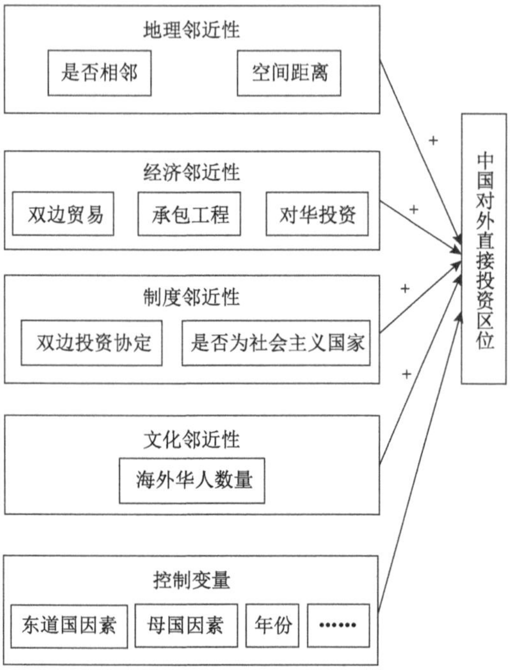

图 1　理论模型

地理邻近性包括东道国与中国是否相邻和空间距离。这里的相邻指地理相邻，包括领土相邻和领海相邻，而考虑到同属于一大洲也属于地理邻近性的一部分，本文还将非相邻国家划分为亚洲非相邻国家和其他非相邻国家，以更好地测量各国与中国的地理邻近性。唐宜红和林发勤利用中国双边直接投资流量的截面数据，发现距离在中国双边直接投资中的阻碍作用随时间的推移出现了下降的趋势[26]。

肖慧敏和刘辉煌则指出地理邻近性的作用与企业特征相关[27]。随着全球化和信息化的发展，有学者指出以前基于地理邻近性的主要问题（典型的如运输费用）正在被日益发展的交通和信息手段逐步消解，导致地理邻近性对于经济发展影响减弱。因此，地理邻近性与中国对外直接投资是否有相关联系有待实证检验。

经济邻近性包括东道国在华外资总量、中国与东道国双边贸易额和中国对外承包合同金额。Zhang 和 Daly 利用 2003～2009 年的数据分析验证了双边贸易额、市场规模和开放度对中国对外直接投资区位的影响，发现东道国与母国的经济距离也是对外直接投资区位选择的重要影响因素[28]。

制度邻近性以是否签订双边投资协定和是否为社会主义国家来衡量。双边投资协定在法律层面为投资者提供了一定程度的鼓励和保护，因此对外投资协定对企业的对外直接投资行为具有正面的促进效应。具体到中国对外直接投资的区位分析，已有研究发现中国与东道国是否签订双边投资协定是影响中国对外投资的重要因素。例如，宋泽楠[29]基于 2002～2010 年中国对 99 个国家投资的面板数据分析发现，中国对外直接投资更多流向了与中国企业拥有更多潜在关系网络资源的国家和地区。同时，同为社会主义国家会带来两国制度和环境的相似性，也应纳入制度邻近性的考核中[30]。

文化邻近性主要通过海外华人数量衡量。Hsu 等通过研究美国硅谷和中国台湾之间的技术联系发现，受过高等教育的海外侨民发挥“边界扳手”的作用，对跨境投资有积极的推动作用[14]；Karreman 等对中国对外投资的研究同样证实海外移民的重要作用[17]。因此，有必要同时关注移民等因素对中国跨境技术转移的影响。

此外，东道国市场规模、自然资源、技术研发水平、生产成本和市场外向度等因素可能会影响对外直接投资的区位选择[31-33]，是此模型的控制变量。

1.2 统计模型

本文采用面板回归模型分析中国对外直接投资区位选择的影响因素。面板数据的分析通常采用固定效应模型、随机效应模型、空间面板模型等方法。然而，由于固定效应模型无法估计不随时间变化的变量（如地理距离）的效应，而随机效应模型的结论不够稳健，因此本文采用控制时间固定效应的面板回归模型。模型界定如下：

$$Y_{it} = \alpha_t + \beta_1 P_{it} + \beta_2 Z_{it} + \varepsilon_{it} \quad (1)$$

式中，i 为投资所在国家，t 为所在年份，Y_{it} 为中国第 t 年对 i 国家的投资；P_{it} 为 i 国家第 t 年与中国的邻近性变量；Z_{it} 为模型的控制变量；α_t 为时间固定效应；β_1、β_2 分别为各类变量的系数；ε_{it} 为随机误差项。不过，由于中国对外直接投资存在选择性行为，即因变量的数值是删失的（censored），因此本文采用 Tobit 面板回归模型。模型的参数利用 Stata 13.0 软件估计。

1.3 数据来源与基本特征

本文以国家为基本分析单元，使用的数据主要来自国内外公开的统计数据。其中，中国对外投资数据来自历年《中国对外直接投资统计公报》，该数据由商务部、国家统计局和国家外汇管理局联合发布；中国与各个国家的空间距离是基于 Google map 计算的各国地理中心之间的直线距离；中国与各国的进出口总额、在华外资和对外承包工程合同金额等经济邻近性数据来自历年《中国贸易外经统计年鉴》；海外华人数量这一文化邻近性数据来自 Poston 和 Wong[33]的研究；其他解释变量的数据主要来自世界银行。限于数据可获得性，本文的研究时段为 2003～2015 年。为了减少由于个别年份数据缺失造成的样本量损失，本文对缺失值进行了插补处理。考虑到一些小国或地区的制度环境比较特殊，本文删掉了美属维尔京群岛、英国开曼群岛等“避税天堂”和人口总量低于 200 万的国家和地区，最终得到有效样本国家和地区 144 个。处理后的变量描述性统计特征如表 1 所示。

表 1　变量的定义及统计特征

	变量	含义	单位/分类	均值	标准差
因变量	OFDI	中国对各国的直接投资流量，具体指每一年度中国投资者直接向境外企业实现的股权投资、收益再投资和债务工具三部分投资之和减去境外企业对中国投资者的反向投资	亿美元	1.23	5.93
多维邻近性变量	Adjacency	东道国与中国的邻近性	领土/领海相邻国家	234（12.59%）	—
			亚洲非邻国	277（14.91%）	—
			非亚洲国家	1 347（72.50%）	—
	Distance	东道国与中国地理中心的直线距离	km	8 820.14	4 000.26

续表

	变量	含义	单位/分类	均值	标准差
多维邻近性变量	FDI	东道国在华外资总量	亿美元	1.66	7.25
	Trade	中国与东道国双边贸易额	亿美元	258.37	640.95
	Project	中国对外承包合同金额	亿美元	5.14	10.30
	Chinese	海外华人数量	万人	17.86	90.66
	Agreement	是否与中国签署双边投资协定	是	1 083（57.88%）	—
			否	788（42.12%）	—
	Exsocialism	是否为（前）社会主义国家	是	453（24.21%）	—
			否	1 418（75.79%）	—
控制变量	Contract	履行合同所需时间	1 年内	248（13.01%）	—
			1～2 年	1 176（61.70%）	—
			2 年以上	482（25.29%）	—
	Approval	开办企业流程的成本占人均 GNI 的百分比	%	60.29	130.90
	GDP	东道国国内生产总值	亿美元	3 874.61	13 971.44
	fdi	东道国当年吸收的外资总量	亿美元	107.36	374.53
	FTD	东道国外贸依存度，指进出口总额占东道国国内生产总值的比重	%	84.39	45.85
	Natural	东道国自然资源租金总额占 GDP 的比重	%	12.15	15.75
	Patent	东道国国内居民申请专利数量	万件	0.62	3.50
	Tech_Value	东道国高新技术产品出口额	亿美元	98.16	293.02
	Labor	东道国劳动力总数	万人	1 673.95	4 440.34

2　描述性统计分析

2.1　中国对外直接投资的发展历程

20 世纪 90 年代中国每年的对外直接投资流量保持在 2.3 亿美元上下，自“走出去”政策实施以来中国对外投资总额快速增长，年平均增长率高达 39%（图 2）。

其中，2008 年全球金融危机时，大量中国企业大举去往海外“抄底”，导致当年对外投资额倍增。不过，冒进的投资策略也导致大量企业亏损，因此从 2009 年开始，中国对外投资额增速开始恢复到多年平均水平。2015 年中国对外直接投资流量达到了 1456.7 亿美元，超越日本、德国等传统投资大国，成为全球第二大对外投资来源国，对全球经济格局重构产生重要的影响[34,35]。

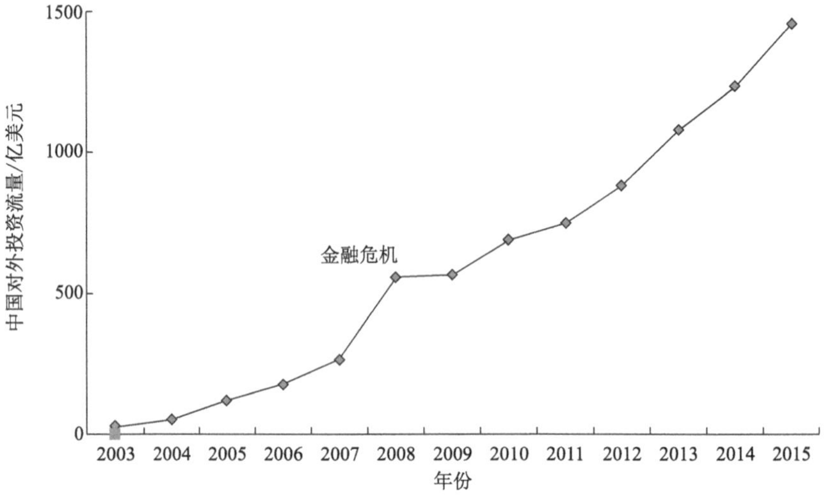

图 2　中国对外投资的历年变化情况

2.2　中国对外直接投资的地理分布

考虑到中国对外直接投资的迅速发展，本文将分阶段剖析中国对外直接投资的空间分布情况。第一阶段仍然是分析全球金融危机前（2003～2007 年）的空间格局；金融危机后，2013 年“一带一路”倡议鼓励中国企业向一带一路沿线国家投资，影响了中国对外直接投资的国别选择[36]，因此本节将依次分析全球金融危机至“一带一路”倡议提出（2008～2012 年）和“一带一路”倡议提出至 2015 年（2013～2015 年）两个阶段的地理分布特征。

2003～2007 年，正值中国加入世界贸易组织不久，在“走出去与引进来”对外发展战略下，中国对外投资活动迅猛发展，投资活动主要集中在加拿大、美国、澳大利亚等科学技术较为发达的国家，以及韩国、俄罗斯等邻近的新兴经济体。由此可见此阶段中国对外直接投资多为技术驱动型，与同期的在华直接投资发挥着类似的功能，意在引进国外先进的技术和管理经验。

2008～2012 年，全球金融危机的爆发使得美国、德国、日本等传统的净资本流出国对外直接投资流量锐减。与这些国家相比，中国受金融危机影响相对较小，且人民币汇率处于上升通道，因此中国对外直接投资的增长速度虽有所放缓，但每年流量仍处于不减反增的状态，大量资本流向美国、澳大利亚等国家，以利用金融危机全球资产贬值的机会，并购海外的优质资产。与此同时，中国对外直接投资的空间范围扩展到东南亚、南美洲、非洲的诸多国家，中国对外投资进入区域多元化的阶段。

2013～2015 年，随着“一带一路”倡议的提出，中国对外投资流量呈现年均 60%的增长速度，进入了地理大扩张的时代，投资国家扩散到世界的大部分国家和地区。2015 年，中国对外直接投资流量超越日本跃居世界第二，并且对外直接投资流量超过了吸引外资的流量，意味着中国首次实现了直接投资项下资本净输出。从地理上看，尽管中国对外直接投资涵盖的地理范围较广，但同时也保持着地理集中的特征。中国对外直接投资主要流向发达国家和中国周边国家。以 2015 年为例，中国向欧洲和北美洲等地区的投资占总投资比重达到 55%，其中在欧洲投资 177 起，投资金额 1769.14 亿美元；在北美洲投资 152 起，投资金额为 503.71 亿美元。与此同时，中国在亚洲投资 180 起，涉及投资金额 3865.75 亿美元，占当年总投资额的 30%。

总之，2003 年至今中国对外直接投资不仅实现了数量上的激增，也实现了地理上的迅速扩展。从投资流向看，中国对外投资的主要目的地既包括东南亚等周边地区，也包括北美洲、欧洲和大洋洲等距离较远的国家或地区。由此可见，中国对外直接投资不仅受到地理邻近性的影响，也同时受到其他邻近性的多重作用，因此，有必要根据计量模型检验不同邻近性对中国对外投资区位选择的影响。

3 中国对外直接投资的区位因素

中国对外直接投资的影响因素的回归分析结果如表 2 所示。模型 1、模型 2 和模型 3 在控制东道国自然资源、经济状况、科学发展水平、生产成本和制度因素的基础上，逐步验证了空间距离、空间相邻情况等地理邻近性，以及经济、制度、文化邻近性对中国对外直接投资区位选择的影响。结果显示，地理、经济、制度、文化对中国对外直接投资的区位选择具有较为明显的影响，其中经济邻近性的作用最为明显，而地理邻近性作用略复杂。具体结果如下。

表 2　Tobit 回归模型结果

变量			模型 1		模型 2		模型 3	
			系数	*p* 值	系数	*p* 值	系数	*p* 值
控制变量	GDP		0.563**	0.01	0.680***	0.00	−1.682***	0.00
	fdi		−0.011	0.62	−0.015	0.52	−0.021	0.32
	FTD		0.027***	0.00	0.027***	0.00	0.003	0.62
	Natural		0.095***	0.00	0.103***	0.00	0.044***	0.00
	Patent		−0.102	0.41	−0.102	0.42	0.112	0.35
	Tech_Value		−0.007	0.88	0.006	0.90	−0.017	0.71
	Labor		3.586***	0.00	3.351***	0.00	2.115***	0.00
	Approval		0.003	0.15	0.003*	0.1	0.003	0.11
	Contract	对照组为履行合同所需时间在 1 年内						
		履行合同所需时间在 1～2 年	0.099	0.89	−0.166	0.82	−0.456	0.49
		履行合同所需时间在 2 年以上	−1.946**	0.02	−2.222***	0.01	−1.734**	0.03
多维邻近性变量	Distance		−0.54	0.22	0.573	0.38	0.212	0.73
	Adjacency	对照组为非亚洲国家						
		领土/领海相邻			2.684***	0.01	−1.634*	0.09
		亚洲非邻国			−0.048	0.95	−1.688**	0.01
	FDI						0.208***	0.00
	Trade						1.319***	0.00
	Project						0.590***	0.00
	Agreement（签订=1；其他=0）						1.123**	0.03
	Exsocialism[（前）社会主义国家=1；其他=0]						−0.86	0.11
	Chinese						0.114**	0.03
年份虚拟变量（对照组为 2003 年）	2004 年		1.581	0.15	1.568	0.15	0.462	0.65
	2005 年		1.833*	0.09	1.798*	0.10	0.755	0.46
	2006 年		1.917*	0.08	1.869*	0.09	0.399	0.7
	2007 年		3.420***	0.00	3.363***	0.00	1.911*	0.06
	2008 年		2.180**	0.05	2.095*	0.06	0.643	0.54
	2009 年		5.059***	0.00	5.021***	0.00	2.881***	0.01
	2010 年		6.707***	0.00	6.658***	0.00	4.104***	0.00

续表

变量		模型 1		模型 2		模型 3	
		系数	p 值	系数	p 值	系数	p 值
年份虚拟变量（对照组为2003年）	2011年	6.147***	0.00	6.082***	0.00	3.513***	0.00
	2012年	6.249***	0.00	6.203***	0.00	4.488***	0.00
	2013年	6.421***	0.00	6.381***	0.00	4.219***	0.00
	2014年	7.026***	0.00	6.994***	0.00	4.944***	0.00
	2015年	4.605***	0.00	4.600***	0.00	2.823**	0.01
	常数项	8.451***	0.00	7.693***	0.00	7.693***	0.00
	N	1776		1776		1776	

*、**、***分别表示系数在10%、5%、1%的水平上显著

3.1 地理邻近性对中国对外投资的影响分析

在模型1、模型2和模型3中，两国间空间直线距离和中国对外直接投资流量的相关关系均未通过检验，可见空间直线距离对中国对外直接投资的区位选择影响有限。然而这是否意味着地理距离无用论呢？为此，本文检验了空间直线距离与其他邻近性的关系，以及其他邻近性之间的相关关系（表3）。由于双边协议是虚拟变量，本文未包含双边协议与其他邻近性变量的相关分析。结果显示，两国间空间距离与双边贸易、东道国对华投资以及中国对外承包合同金额等经济邻近性均呈明显的负相关关系，但相关系数绝对值在0.2上下浮动，证明存在地理摩擦作用，但作用强度有限。海外华人数量也都随着与中国的地理距离的增加而减少，显示空间直线距离虽然未直接影响中国对外直接投资的区位选择，但可以通过影响经济和文化邻近性对中国对外直接投资形成间接的影响。

表3 不同邻近性指标的相关系数矩阵

	Distance	FDI	Trade	Project	Chinese
Distance	1				
FDI	−0.201***	1			
Trade	−0.150***	0.684***	1		
Project	−0.165***	0.060**	0.182***	1	
Chinese	−0.150***	0.167***	0.198***	0.067***	1

、*分别表示系数在5%、1%的水平上显著

相比而言，是否与中国相邻、是否同属于亚洲国家这一地理邻近性指标作用强度相对明显，能更好地衡量地理邻近性的作用。模型 2 显示中国更倾向于对与中国领土、领空相邻的国家和地区投资。然而，在考虑经济、制度和文化等其他维度邻近性影响的作用下，是否相邻与中国对外直接投资流量呈现负相关关系（模型 3）。这证明了与中国地理相邻的国家往往在经济、社会和制度等维度与中国的邻近性较强，地理邻近性通过其他维度邻近性影响中国对外直接投资的区位选择。然而，在经济、社会和制度邻近性一致的情况下，中国企业更倾向于向非相邻、非亚洲的国家和地区投资，这解释了中国企业倾向于投资到欧洲、大洋洲、美洲和非洲中与中国有紧密商贸和文化联系国家的现象。

3.2 其他维邻近性对中国对外投资的影响分析

经济、制度和文化邻近性对中国对外投资的区位选择均有显著正向影响（模型 3）。首先，经济邻近性的各项指标与中国对外直接投资流量的相关度均在 1%水平上显著。这说明，现有双边贸易、工程承包联系和东道国对中国的投资有利于促进中国企业对这些国家投资环境的熟悉，建立市场、信息乃至技术联系，从而推动对这些地区的直接投资。在控制了双边经济邻近性之后，东道国的 GDP 水平与中国对外直接投资流量成反比。可见，双边经济联系是中国对外直接投资区位选择的重要因素，相比而言东道国的市场规模作用有限。其次，经济制度而非政治制度邻近性影响中国对外直接投资的区位选择。中国的对外直接投资更容易流向那些与中国签订了双边投资协定的国家，可见双边投资制度保障是中国企业海外区位选择的主要影响因素。然而是否同为（前）社会主义国家的系数不显著，说明目前中国对外投资较少受制度或意识形态的影响，而更多考虑市场需求和投资收益等因素。再次，海外华人能够为国内企业提供大量可靠的投资信心和各种联系网络，也容易降低中国企业“走出去”的语言和文化障碍。这种文化邻近性的积极作用也体现了中国对外直接投资的特殊性[16]。

3.3 控制变量对中国对外投资的影响分析

控制变量中，东道国的自然资源禀赋和劳动力数量等也对中国对外投资有重要影响。第一，东道国的资源禀赋越丰富，中国对其投资越多。这符合目前中国在海外大量收购石油、铁矿石等矿产资源的特征和大量制造业的原材料需求，表明控制自然资源是中国对外直接投资的重要动因。第二，东道国的劳动力规模对于中国对外投资也有正向影响。随着国内劳动力成本的上升，中国目前部分劳动密集型企业向海外转移的趋势，表明中国大量企业开始寻找新的劳动力市场。然而，东道国的对外开放程度、制度成熟度和技术发展（专利数和高新技术产品出口额）与中国对外直接投资区位选择不存在相关关系，表明中国对外直接投资主要是自然资源驱动型和成本驱动型，其他区位因素的作用有限。

4 结论与讨论

随着中国步入以“走出去”为鲜明特征的经济全球化新阶段，对外直接投资的区位选择及对全球经济格局的影响是经济地理学研究的重要命题[5]。本文在国家间经济活动的“文化-制度-地理-经济”邻近性分析框架的基础上，结合中国对外直接投资特殊性选择各邻近性的衡量指标,并基于 2003～2015 年数据分析了中国对外直接投资的国别分布和影响因素。结果表明，经济、制度和文化邻近性均影响着中国对外直接投资的区位选择，然而空间直线距离和领土相邻等代表的地理邻近性本身是对外直接投资区位选择的非充分非必要条件，地理距离更多的是通过影响其他维度的邻近性从而促进对外直接投资的发生。该研究结果也印证了多维邻近性研究替代单一地理邻近性研究的科学性和合理性[2]。

与经济学界和管理学界关注东道国因素对跨国直接投资区位选择的影响不同，地理学界更关注两国之间的“关系”对经济活动区位的影响[37,38]。本文基于多维邻近性视角分析中国对外直接投资的空间布局和影响因素，为中国对外投资区位研究提供新的视角和测度，丰富了经济活动空间布局相关问题研究的深度和广度，也为中国对外直接投资等经济活动空间布局的影响和作用机理提供了更多的实证检验和理论依据。当然，受制于数据可得性，本文的某些维度邻近指标还不够多样，部分指标对其对应邻近性的度量还不够确切。例如，对外投资受企业间网络、产业链联系和双边地缘政治关系的影响很大，但是目前仍缺乏描述中国与其他国家在这些方面的邻近性的统计指标。未来的研究可以基于更多样和准确的统计指标深化多维邻近性对中国海外投资的影响机制。

参考文献

[1] Bunnell T, Coe N. Spaces and scales of innovation[J]. Progress in Human Geography, 2001, 25(4): 569-589.

[2] Boschma R A. Proximity and innovation: a critical assessment[J]. Regional Studies, 2005, 39(1): 61-74.

[3] 胡杨, 李郇. 多维邻近性对产学研合作创新的影响: 广州市高新技术企业的案例分析[J]. 地理研究, 2017, 36(4): 695-706.

[4] Boschma R, Marrocu E, Paci R. Symmetric and asymmetric effects of proximities: the case of M&A deals in Italy[J]. Journal of Economic Geography, 2016, 16(2): 505-535.

[5] Balland P A, Boschma R, Frenken K. Proximity and innovation: from statics to dynamics[J]. Regional Studies, 2015, 49(6): 907-920.

[6] United Nations Conference on Trade and Development. World Investment Report 2017: Investment and the Digital Economy[R]. Geneva: United Nations, 2017.

[7] 刘卫东. “一带一路”战略的科学内涵与科学问题[J]. 地理科学进展, 2015, 34(5): 538-544.

[8] 刘慧, 叶尔肯·吾扎提, 王成龙. “一带一路”战略对中国国土开发空间格局的影响[J]. 地理科学进展, 2015, 34(5): 545-553.

[9] 邹嘉龄, 刘春腊, 尹国庆, 等. 中国与“一带一路”沿线国家贸易格局及其经济贡献[J]. 地理科学进展, 2015, 34(5): 598-605.

[10] 张虹鸥, 黄耿志, 吴康敏, 等. 中国对外直接投资的特征与若干经济地理研究议题: 基于中国对全球与东盟的投资分析[J]. 热带地理, 2017, 37(4): 443-451.

[11] Mathews J A. Competitive advantages of the latecomer firm: a resource-based account of industrial catch-up strategies[J]. Asia Pacific Journal of Management, 2002, 19(4): 467-488.

[12] Nam K-M. Compact organizational space and technological catch-up: comparison of China's three leading automotive groups[J]. Research Policy, 2015, 44(1): 258-272.

[13] Deng P. Why do Chinese firms tend to acquire strategic assets in international expansion[J]. Journal of World Business, 2009, 44(1): 74-84.

[14] Hsu J-Y, Saxenian A. The limits of Guanxi capitalism: transnational collaboration between Taiwan and the USA[J]. Environment and Planning A, 2000, 32(11): 1991-2005.

[15] Tan C-Z, Yeung H W-C. The regionalization of Chinese business networks: a study of Singaporean firms in Hainan, China [J]. The Professional Geographer, 2000, 52(3): 437-454.

[16] Lu J. A social-network behavioural approach to overseas Chinese and overseas Non-Chinese investments in China[J]. Tijdschrift voor Economische en Sociale Geografie, 2012, 103(4):

426-442.

[17] Karreman B, Burger J M , van Oort F G. Location choices of Chinese multinationals in Europe: the role of overseas communities[J]. Economic Geography, 2017, 93(2): 131-161.

[18] Lin L, Wang D, Si Y F. The limits of Guanxi for Chinese nationals doing business abroad: empirical investigation into Chinese companies in Germany[J]. Tijdschrift Voor Economische En Sociale Geografie, 2018, 109 (3): 420-433.

[19] Fan P. Innovation, globalization, and catch-up of latecomers: cases of Chinese telecom firms[J]. Environment and Planning A, 2011, 43(4): 830-849.

[20] Lim S-H. How Chinese foreign direct investment can achieve success in Korea: M&A deals in the automotive and semiconductor industries[J]. Issues & Studies, 2008, 44(3): 177-204.

[21] Yeung H W-C. Transnationalizing entrepreneurship: a critical agenda for economic geography[J]. Progress in Human Geography, 2009, 33(2): 210-235.

[22] 司月芳, 陈思雨, Liefner I, 等. 中资企业研发国际化研究: 基于华为 WIPO 专利分析[J]. 地理研究, 2016, 35(10): 1869-1878.

[23] 贺灿飞, 郭琪, 邹沛思. 基于关系视角的中国对外直接投资区位[J]. 世界地理研究, 2013, 22(4): 1-12.

[24] He C, Xie X, Zhu S. Going global: understanding China's outward foreign direct investment from motivational and institutional perspectives[J]. Post-Communist Economics, 2015, 27(4): 448-471.

[25] Ghemawat P. Distance still matters: the hard reality of global expansion[J]. Harvard Business Review, 2001, 79(8): 148-150.

[26] 唐宜红, 林发勤. 距离对中国双边直接投资影响及其动态变化[J]. 数量经济技术经济研究, 2009, 4(10): 70-79.

[27] 肖慧敏, 刘辉煌. 地理距离、企业异质性与中国对外直接投资: 基于"新"新经济地理视角[J]. 经济管理, 2012, 34(10): 77-85.

[28] Zhang X, Daly K. The determinants of China's outward foreign direct investment[J]. Emerging Markets Review, 2011, 12(4): 389-398.

[29] 宋泽楠. 中国对外直接投资的区位分布和响应机制: 2002-2010 年[J]. 改革, 2013, 1: 41-49.

[30] 杨文龙, 杜德斌, 刘承良, 等. 中国地缘经济联系的时空演化特征及其内部机制[J]. 地理学报, 2016, 71(6): 956-969.

[31] Dunning J H, Lundan S M. Institutions and the OLI paradigm of the multinational enterprise[J]. Asia Pacific Journal of Management, 2008, 25(4): 573-593.

[32] Johanson J, Vahlne J-E. The Uppsala internationalization process model revisited: from liability

of foreignness to liability of outsidership[J]. Journal of International Business Studies, 2009, 40(9): 1411-1431.

[33] Poston D, Wong J H. The Chinese diaspora: the current distribution of the overseas Chinese population[J]. Chinese Journal of Sociology, 2016, 2(3): 348-373.

[34] 李琳, 雒道政. 多维邻近性与创新: 西方研究回顾与展望[J]. 经济地理, 2013, 33(6): 1-7, 41.

[35] 中华人民共和国商务部. 中国对外投资合作发展报告 2016[EB/OL]. http: //fec. mofcom. gov. cn/article/tzhzcj/tzhz/upload/zgdwtzhzfzbg2016. pdf[2017-07-14].

[36] 郑蕾, 刘志高. 中国对“一带一路”沿线直接投资空间格局[J]. 地理科学进展, 2015, 34(5): 563-570.

[37] 杜群阳, 邓丹青. 中国对非洲直接投资的空间分布及其影响因素研究[J]. 地理科学, 2015, 35(4): 396-401.

[38] 郑蕾, 刘毅, 刘卫东. 东北三省对外直接投资空间格局及影响因素[J]. 地理科学, 2016, 36(9): 1329-1337.

The Location Choice of Chinese Outward FDI: from the Perspective of Multi-Dimensional Proximity

Si Yuefang[1,2] Wang Fenglong[1,3] Zhang Yi[1,2]

(1. Center for Modern Chinese City Studies & School of City and Regional Science, East China Normal University, Shanghai 200062, China; 2. School of Urban and Regional Science, East China Normal University, Shanghai 200062, China; 3. Institute of Urban Development, East China Normal University, Shanghai 200062, China)

Abstract The effect of multi-dimensional proximities on the spatial distribution of economic activities has been one of the most heated topics in economic geography; however, the existing researches are mainly at local and regional levels and the research at inter-country level remains limited. This paper introduces Cultural-Administrative-Geographical-Economic Proximities Model into China to explore the geographical distribution and determinants of Chinese outward foreign direct investment (OFDI) location choices. We find out that, the economic, cultural and administrative proximities have significant positive effects on the location choice of Chinese OFDI, the geographical proximity indicated by the linear distance between host country and China has no effect on Chinese OFDI location choices, while it has negative effect when having economic, cultural and institutional proximities in account. It means that the geographical proximity is insufficient or unnecessary to location choices but indirectly affects that of Chinese OFDI by influencing other proximities.

Keywords proximity paradox; outward foreign direct investment; location choice; determinants; China

作为代码平台的城市：《代码经济》书评

王丰龙

《代码经济：从远古食谱、城市到区块链、人工智能》是 2017 年菲利普·奥尔斯瓦尔德（Philip E. Auerswald，1965 年生）在牛津大学出版社出版的一部经济史著作[1]，2019 年 4 月由高子平等翻译成中文，并在上海社会科学院出版社出版[2]。奥尔斯瓦尔德是美国乔治梅森大学沙尔政策与政府学院（Schar School of Policy and Government，George Mason University）公共政策专业副教授，也是全球企业家研究网络（Global Entrepreneurship Research Network）的执行主任和麻省理工学院（MIT）出版社旗下《创新》（*Innovations*）刊物的共同创刊编辑之一，曾在哈佛大学肯尼迪政府学院任教。

《代码经济》一书包括三大部分 15 章。其中，第一部分“代码的进化”基于分工、文字、机器和计算机等的形成发展过程讨论了 40 000 多年间伴随人类生产行为由简单到复杂变化过程各种形式代码的演进；第二部分“代码经济”从机器-工作的关系、信息论、学习曲线、基因演化、复杂平台等角度探讨了代码与经济和知识进步的关系；第三部分“人类的优势”从互补性（数字化与人类工作机会）、教育（永久收入假说、互联网和共享经济等对传统就业模式的冲击）、平等（经济发展与贫困）、可靠性（从计算机创造的食谱、电影评价算法到比特币）、目的（火人节、大富翁、游戏人生和工作的目的）等角度讨论代码与人类工作和体验等的关系，并讨论了人工智能等技术进步背景下人类的优势所在。作者对人工智能的发展总体持乐观态度，并认为人类能够比数字计算机做得更好的地方就是“人类更善于做人”，即批判地思考、合作、交流、创造。

《代码经济》一书虽然以讨论经济史为主，但是纵论古今、旁征博引、体系恢

作者简介：王丰龙，1988 年生，男，华东师范大学中国现代城市研究中心研究员，华南师范大学地理科学学院，教授、博士，研究方向为行为地理、经济地理和地理学思想等方面。

基金项目：国家自然科学基金项目（41601144；41371147；41271165；41130747）；中央高校基本科研业务费项目华东师范大学共享交叉基金（人文社会科学项目）（2019ECNU-GXJC002）。

弘，讨论议题十分多样，观点既有深度又有冲击性，既是一部探讨创新与经济发展的专业性著作，又具有类似于《人类简史：从动物到上帝》[3]那样成为畅销书的潜力，已经于 2020 年 1 月 9 日获得中国出版协会直属单位《精品阅读》杂志社评选颁发的“2019 年精品阅读年度好书奖”。这里着重对书中的三个观点进行介绍和拓展。

首先是代码概念的引出。尽管一般人会将代码理解为计算机编程的软件代码，作者却将其拓展到包含一系列看似无关的概念体系。首先，作者回溯了“代码”一词的语源——拉丁语“codex”，即“规则体系”（a system of laws）。其次，作者从“代码”在不同语境下的使用——计算机代码、基因编码、密码、伦理准则、建筑符号等出发，归纳了代码一词的共同点，即包含对某一过程的解释说明，以期获得所需的结果。最后，作者将代码界定为经济学中的“如何（how）进行生产”及创新中关于“如何做的知识（know-how）”，并将一系列关于“如何”的概念，如食谱、步骤、流程、算法、技术、书写、城市和游戏等，都归入代码之列。

其次是代码的进化如何成为经济发展的动力。这其中的核心是作者数次提及但没有明确提出的“累积”（accumulation）的概念。如果说经济增长是资本和财富的累积，那么代码的进步则是知识力量和生产水平的累积。代码主要通过两种形式的累积推动经济增长。一方面，代码将一系列生产方案和过程记录下来，使得过去的（past）知识成为未来生产和创新的基础；另一方面，通过将复杂任务分解为具体流程和可重复劳动分配给个人，代码成为社会性合作大生产的纽带，促进了不同“细胞”合并为“高级生命体”。正是由于代码具有对过去知识的累积和集体解决问题的能力（通过聚落、工作等分工），其实现了经济由简单向复杂的转变。

最后是从代码角度阐述对城市的理解。作为非农产业的集聚地和大量创新的发源地[4]，城市为两类代码提供了平台，那就是分工/工作（job）和创新（innovation）。一方面，城市内的工厂和基础设施等作为标准化的平台，为代码经济提供了基础结构，并通过分工提升了经济活动的集聚利益；另一方面，新想法的形成加速了城市增长。杰弗里·韦斯特（G. West）的圣塔菲团队发现了城市规模与其他指标的分形指数[5]，其中知识产品相关指标的增长速度都快于城市规模的增速，说明城市为代码（知识和技术）的形成与累积提供了平台。因此，从代码角度理解城市不仅提供了与传统基于产业或聚落等角度理解城市不同的视角，而且暗示了每座城市都具有独特的复杂系统和编码平台。

当然，该书也存在一些不足，这里着重谈两点。第一，该书“脑洞过大”，导致概念的深度和连贯性偏弱。各部分的章节之间缺乏清晰的概念框架，很多章节的内容与章节标题的衔接不够紧密，使得该书的观点有些费解，对相关观点的论证也不够严谨。第二，尽管该书的英文副标题是 A Forty-Thousand-Year History（人类 4 万年的历史），但是相关论述没有完全按照历史的角度梳理，对史料的发掘也相对不足，使得副标题没有得到很好的体现。希望未来作者在修订本中能够加强这些方面的论述。

参考文献

[1] Auerswald P E. The Code Economy: A Forty-Thousand-Year History[M]. New York: Oxford University Press, 2017.

[2] 奥尔斯瓦尔德 P. 代码经济: 从远古食谱、城市到区块链、人工智能[M]. 高子平, 王丰龙, 曹贤忠, 译. 上海: 上海社会科学院出版社, 2019.

[3] 赫拉利 Y. 人类简史: 从动物到上帝[M]. 林俊宏, 译. 北京: 中信出版社, 2017.

[4] Scott A J, Storper M. The nature of cities: the scope and limits of urban theory[J]. International Journal of Urban and Regional Research, 2015, 39(1): 1-15.

[5] West G. Scale: The Universal Laws of Life, Growth, and Death in Organisms, Cities, and Companies[M]. New York: Penguin, 2017.

City as the Platform of Code: A Review on “The Code Economy”

Wang Fenglong[1,2]

(1. The Center for Modern Chinese City Studies, East China Normal University, Shanghai 200062, China; 2. School of Geography, South China Normal University, Guangzhou 510631, China)

《中国城市研究》征稿启事

《中国城市研究》是由教育部人文社会科学重点研究基地华东师范大学中国现代城市研究中心与华东师范大学城市发展研究院联合主办的综合性城市研究学术集刊，是“中文社会科学引文索引（CSSCI）2012—2013”来源集刊，主要刊登城市经济、城市社会、城市地理、城市政治与管理、现代城市史等各个领域的论文和经验研究论文。为提高学术论文质量，特向海内外学术同人征集稿件。

1.《中国城市研究》设“论文”、“综述”和“书评”三个栏目，“论文”栏目发表原创性的理论和经验研究论文，文章长度不限，欢迎10 000字以下的论文；“综述”栏目发表关于某一领域最新学术动态的综述性论文；“书评”栏目发表通俗、可读的城市研究新书的介绍和评论，“综述”和“书评”以3000～5000字为宜。

2. 来稿须添加论文封面：包括中英文文章标题、作者单位、通讯作者的联系方式（地址、电话和 e-mail）及感谢语等，所有个人信息不再在正文中出现。论文正文请按如下顺序依次排列：①中文标题、中文摘要和中文关键词（3～5个）；②正文和附录；③参考文献（参考文献需要和正文一一对应，做到“凡引必列，不引不列”）；④英文标题、英文摘要、英文关键词和 JEL 分类号。

3. 来稿正文的一级标题采用编号“1、2、3……”，二级标题采用编号“1.1、1.2、1.3……”，三级标题采用编号“1.1.1、1.1.2、1.1.3……”，四级标题采用编号“①、②、③……”。来稿正文注释采用尾注形式，编号格式为：[1][2][3]……。

4. 参考文献统一排列在正文末尾，并按顺序编号。具体参考文献格式详见期刊的样稿。

5. 来稿请投稿至《中国城市研究》编辑部邮箱 office@iud.ecnu.edu.cn，请勿一稿多投。文章在录用后需要根据《中国城市研究》的标准格式进行修正。稿件发表时，本刊将向作者提供两本样书，稿酬一次性付清。稿件如未被录用，恕不退稿。

我们常年向广大学者征集优秀文章，欢迎国内外学者或机构积极投稿。

《中国城市研究》编辑部

2020年8月